U0910158

智库 中社
国家智库报告 2018（9）
National Think Tank
法治指数与法治国情

中国政务公开第三方评估报告（2017）

中国社会科学院 国家法治指数研究中心
法学研究所法治指数创新工程项目组 著

THIRD PARTY ASSESSMENT REPORT ON THE OPENNESS OF GOVERNMENT AFFAIRS IN CHINA (2017)

中国社会科学出版社

图书在版编目(CIP)数据

中国政务公开第三方评估报告．2017／中国社会科学院国家法治指数研究中心，中国社会科学院法学研究所法治指数创新工程项目组著．—北京：中国社会科学出版社，2018.4

（国家智库报告）

ISBN 978－7－5203－2344－4

Ⅰ．①中…　Ⅱ．①中…②中…　Ⅲ．①国家行政机关—信息管理—研究报告—中国—2017　Ⅳ．①D630.1

中国版本图书馆CIP数据核字（2018）第066944号

出 版 人　赵剑英
项目统筹　王　茵
责任编辑　喻　苗
特约编辑　马　明
责任校对　王　龙
责任印制　李寡寡

出　　版　中国社会科学出版社
社　　址　北京鼓楼西大街甲158号
邮　　编　100720
网　　址　http://www.csspw.cn
发 行 部　010－84083685
门 市 部　010－84029450
经　　销　新华书店及其他书店

印刷装订　北京君升印刷有限公司
版　　次　2018年4月第1版
印　　次　2018年4月第1次印刷

开　　本　787×1092　1/16
印　　张　10.5
插　　页　2
字　　数　115千字
定　　价　48.00元

凡购买中国社会科学出版社图书，如有质量问题请与本社营销中心联系调换
电话：010－84083683

项目组负责人：

田　禾　中国社会科学院国家法治指数研究中心主任，法学研究所研究员、法治指数创新工程项目组首席研究员

吕艳滨　中国社会科学院国家法治指数研究中心副主任，法学研究所研究员、法治国情调研室主任

项目组成员：（按姓氏汉字笔画为序）

马效领　王　洋　王　展　王小梅　王述珊
王祎茗　王昱翰　毛宇翔　田纯才　冯天阳
冯迎迎　任昱希　向　林　刘　迪　刘雁鹏
阮雨晴　杨德世　金俊州　赵千羚　荆　涵
胡昌明　侯冰洁　胥开文　栗燕杰　徐　斌
黄恩浩　葛　冰

主要执笔人：

吕艳滨　中国社会科学院法学研究所研究员
田　禾　中国社会科学院法学研究所研究员
刘　迪　中国社会科学院法学研究所研究助理

技术支持：

北京蓝太平洋科技股份有限公司

摘要： 为分析政务公开工作进展及存在的问题，中国社会科学院国家法治指数研究中心、法学研究所法治指数创新工程项目组，围绕决策公开、管理服务公开、执行和结果公开、重点领域信息公开、政策解读与回应关切、依申请公开等方面，对2018年国家机构改革前的54家国务院部门、31家省级政府、49家较大的市政府和100家县级政府2017年政务公开工作开展第三方评估。评估发现，各级政府政务公开取得显著进步，如对本领域本地区政务公开工作指导成效明显，重大决策预公开水平明显提升，部分行政执法领域信息公开程度较高，部分领域的执行和结果公开相对规范，部分重点领域信息公开情况较好，政策解读与回应关切总体较好。但仍存在一些问题，如部分领域政务公开标准有待明确，部分基础性信息公开仍不到位，部分重点领域信息公开仍有提升空间，部分政务公开的新要求有待进一步落实，政策解读发布水平有待提升，依申请公开仍存法律风险，政务公开平台建设有待加强。对此，应树立政务公开的正确认识，理顺公开工作机制，注重总结和推广经验，注重处理好公开和不公开的关系，以大公开理念推动政务公开工作，加强政府网站的信息化建设。

关键词： 政务公开　法治政府　政府透明度　法治指数

Abstract: To further promote the work of open government in China, National Research Centre on The Rule of Law Index and the project team on The Rule of Law Index of the Law Institute of Chinese Academy of Social Sciences carried out third-party assessment on the 2017 open government work on 54 departments under the State Council, 31 provincial-level governments, 49 larger cities and 100 county-level governments in such fields as openness in decision-making, openness in management and service, openness in implementation, openness in key areas, explanation of policies and response to public concerns, disclosure upon application. The assessment shows that China has made remarkable progress in the work of open government. For example, the guidance in specific fields and areas of open government achieved obvious effect; the transparency of decision-making has improved consistently; the degree of disclosure of information about administrative enforcement is high; the openness in some implementation fields is normative; the disclosure of information in some key areas is good; significant progresses have been made in the work of explanation of policies and response to public concerns. Meanwhile, the assessment also reveals some problems. For example, the standard of open government still need to be further elaborated on; the disclosure of some basic government information is not enough, more efforts need to be made in the disclosure of information in some key areas; some new requirements of open government need to be meet in further; the work of explanation of policies needs to be promoted; legal risk in the application for information disclosure still remains; more efforts need to be made in the construction of platform for the disclosure of information. In light of the above problems, the project team suggests that China should recognize the importance of open government; clearly define the open government mechanism; focus on summary and promotion of experience; handle the relationship of openness and confidentiality; promote the open government work with the "Great open" idea; strengthen the construction of government website informatization.

Key Words: Open Government; Government Ruled by Law; Government Transparency; The Rule of Law Index

目　　录

导　论

公开透明是现代法治政府的基本特征。全面推进政务公开，让权力在阳光下运行，对于发展社会主义民主政治，提升国家治理能力，增强政府公信力、执行力，保障人民群众知情权、参与权、表达权、监督权具有重要意义。2016 年 2 月以来，中共中央办公厅、国务院办公厅先后印发《关于全面推进政务公开工作的意见》等多个文件，对全国政务公开工作作出指导。2018 年 2 月，党的十九届三中全会强调，“加快推进机构、职能、权限、程序、责任法定化……全面推行政府部门权责清单制度，规范和约束履职行为，让权力在阳光下运行”，吹响了新时代推进政务公开、建设法治政府的新号角。

为进一步推动全国政务公开工作，中国社会科学院国家法治指数研究中心、中国社会科学院法学研究所法治指数创新工程项目组（以下简称“项目组”）

围绕决策公开、管理服务公开、执行和结果公开、重点领域信息公开、政策解读与回应关切、依申请公开等方面，对 2018 年国务院机构改革前的 54 家国务院部门、31 家省级政府、49 家较大的市政府和 100 家县级政府 2017 年度政务公开工作开展了第三方评估。本报告分析了各评估对象在政务公开工作中取得的进展和存在的问题，并提出相应的对策建议。

一 评估对象、指标及方法

本次评估指标体系的设计主要依据《政府信息公开条例》，中共中央办公厅、国务院办公厅《关于全面推进政务公开工作的意见》，国务院办公厅《〈关于全面推进政务公开工作的意见〉实施细则》《2017 年政务公开工作要点》，以及国务院近年来发布的关于政务公开的一系列文件。

（一）评估对象

本次评估的对象为 54 家国务院部门（本书选用 2018 年国家机构改革之前的机构名称）、31 家省级政府、49 家较大的市政府和 100 家县级政府（见附件一）。其中，国务院部门评估对象为具有独立行政法人资格，对外有行政管理权限，与企业、人民群众办事密切相关或社会关注度高的部门；本次选取的 100 家县级政府为《国务院办公厅关于印发开展基层政务公开标准化规范化试点工作方案的通知》确定的试点区县政府。

（二）评估指标

针对国务院部门和地方各级政府的一级指标为决策公开、管理服务公开、执行和结果公开、重点领域信息公开、政策解读与回应关切、依申请公开（指标见附件二）。

决策公开指标主要考察国务院各部门、各级政府进行重大决策预公开的情况，对国务院各部门、省级政府还考察了建议提案办理结果公开情况。管理服务公开指标主要考察有相应职权的国务院部门、各级政府公开政务服务信息、“双随机”监管信息、行政处罚信息的情况，对各级政府还考察了其公开权力清单的情况。执行和结果公开指标主要考察各级政府公开审计结果、政府工作报告的情况，国务院各部门、各级政府公开法治政府建设情况年度报告的情况，较大的市政府和县级政府公开政府信息公开工作年度报告的情况。重点领域信息公开指标主要考察国务院部门、各级政府公开规范性文件、财政预决算和地方政府债务信息的情况，还抽查了省级政府公开城市水环境质量排名、较大的市政府公开集中式生活饮用水水源水质监测信息、棚户区改造信息、县级政府公开教育信息的情况。政策解读与回应关切指标主要考察国务院部门和各级政府进行政策解读和回应关切的情况。依申请公开指标仅考察100家县级政府信函申请的渠道畅通性和答复规范化程度。

（三）评估方法

评估坚持结果导向，基于公众视角，侧重对各评估对象实际公开效果进行评价，从外部观察评估对象是否落实公开要求、公开的内容是否方便获取。项目组通过以下方式获取评估数据：观察各评估对象门户网站公开各类信息的情况；以信函方式向政府发送信息公开申请以验证依申请公开的畅通性与规范化程度。

本次评估的总体时间为2017年7月1日至12月31日，期间项目组对评估数据进行了反复核查。

表1　**各指标的评估截止时间**

指标	评估截止时间
重大决策预公开	2017年10月10日
建议提案办理结果公开	2017年12月31日
权力清单	2017年10月17日
政务服务信息公开	2017年10月17日

续表

指标	评估截止时间
“双随机”监管信息公开	2017 年 11 月 6 日
行政处罚信息公开	2017 年 10 月 17 日
规范性文件公开	2017 年 12 月 31 日
财政预决算和地方政府债务信息公开	2017 年 10 月 23 日
集中式生活饮用水水源水质监测信息公开	2017 年 10 月 17 日
棚户区改造信息公开	2017 年 11 月 7 日
教育信息公开	2017 年 8 月 11 日
审计结果公开	2017 年 11 月 1 日
政府信息公开工作年度报告	2017 年 8 月 15 日
法治政府建设情况年度报告	2017 年 11 月 16 日
政府工作报告	2017 年 11 月 16 日
政策解读和网站互动	2017 年 10 月 15 日
依申请公开	2017 年 12 月 31 日

二　总体评估结果

2017年是全面深入推进政务公开工作的第二年。以中共中央办公厅、国务院办公厅印发《关于全面推进政务公开工作的意见》为里程碑，国务院办公厅相继出台了一系列推动政务公开的文件，所传达出的信号也越来越清晰，即各级政府和部门应全面推进决策、执行、管理、服务和结果全过程、全流程公开；发挥信息发布、政策解读、回应关切三位一体、相辅相成的作用；全面扩大公众参与，使社会大众全面深入参与到政府治理的各个环节。评估发现，2017年全国政务公开工作成效显著。

（一）政务公开取得的显著成效

1. 注重加强领导与指导成效明显

政务公开工作需要相应的操作规范和标准，各级政府政务公开工作情况的好坏离不开上级政府的指导。评估发现，各地方各部门多年来通过制发相关文件、统一公开平台等方式明确了本系统本地区政务公开的标准，规范了公开平台的建设，提升了相关领域相关地区的公开水平。如环境保护部印发了《关于印发〈建设项目环境影响评价政府信息公开指南（试行）〉的通知》（环办〔2013〕103号），对多项与建设项目环境影响评价相关的行政审批信息公开做了明确规定，尤其是对上述行政审批结果的内容要素进行了明确。评估发现，全部省级政府都公开了环境保护领域的行政审批结果。又如国家食品药品监督管理总局先后印发了《食品生产经营日常监督检查管理办法》《食品安全抽样检验管理办法》《食品药品监管总局关于做好食品安全抽检及信息发布工作的意见》《关于印发药品质量监督抽验管理规定的通知》《药品质量抽查检验管理规定》等文件，对食品监督抽检信息和药品监督抽验信息的公开内容、公开时间、公开方式等做了明确规定。评估发现，国家食品药品监督管理总局、100%的省级政府食品药品监督管理部门、95.92%的较大的市政府食品药品监督管理部门、59%的县级政府食品药品监督管理部门都公开了2017年本部门作出的随机抽查结果，公开率较高。再如住房和城乡建设部先后印发了《关于公开城镇保障性安居工程建设信息的通知》《关于做好2012年住房保障信息公开工作的通知》《住房城乡建设部关于做好2013年城镇保障性安居工程工作的通知》等文件，对公开主体、公开内容要素、公开时间等做了详细规定。评估发现，44.90%的较大的市政府公开了2017年棚户区改造用地计划，71.43%的较大的市政府门户网站或其住房和城乡建设部门网站公开了2017年棚户区改造年度建设计划，69.39%的较大的市政府门户网站或其住房和城乡建设部门网站公开了2017年棚户区改造项目进展情况，公开程度相对较高。在政务服务平台建设方面，部分省级政府建设了全省统一的政务服务办事平台，集中公开从省到市再到县乡的政务服务信息，统一了政务服务事项办事指南的内容要素和编排方式，如贵州省、湖南省、广东省等，既方便管理，也方便公众和企业办事。

2. **重大决策预公开水平明显提升**

第一，一些重大决策事项目录公开取得新进展。评估发现，6家较大的市政府、2家县级政府网站公开了2017年度重大决策事项目录。一些地方政府在年初拟定并公开重大决策事项目录，细化重大决策事项、承办部门、决策时间及公众参与方式，对本年度的重大决策预公开作出安排，方便群众监督，不失为一种创新。

第二，征集意见反馈情况的公开工作稳步推进。评估发现，1 家国务院部门、4 家省级政府、6 家较大的市政府、10 家县级政府门户网站或其政府法制部门网站公开了完整的意见反馈信息，包括征集意见的总体情况、采纳情况和不采纳的理由。

3. 部分执法领域信息公开程度较高

推行行政执法公示制度，是规范市场执法秩序的重要举措。评估发现，行政处罚事项清单、部分领域的行政处罚结果公开程度较高。

第一，普遍公开行政处罚事项清单。评估发现，100% 的省级政府、97.96% 的较大的市政府、100% 的县级政府在门户网站集中公开了各部门的行政处罚事项清单。

第二，环境保护领域和食品药品安全领域行政处罚结果公开情况较好。在环境保护领域，83.67% 的较大的市政府环境保护部门公开了 2017 年本部门作出的行政处罚。在食品药品安全领域，87.76% 的较大的市政府食品药品监督管理部门、74% 的县级政府食品药品监督管理部门公开了 2017 年本部门作出的行政处罚。

4. 工作部署落实情况公开相对规范

真实准确地公开政府的重大决策部署的落实情况，

有助于加强对政策落实情况的社会监督，增强政府透明度、提升政府公信力，打造法治政府、责任政府。评估发现，部分评估对象定期公开工作总结和部署情况，工作连贯性强。在工作总结方面，2家省级政府、7家较大的市政府、14家县级政府门户网站分阶段地公开了2017年工作的落实情况。并且，部分评估对象按月度公开本月政府工作落实情况及下月工作计划。

5. 部分重点领域信息公开情况较好

第一，国务院部门预决算公开十分规范。评估发现，53家国务院部门公开了本部门2017年预算说明及表格、2016年决算说明及表格。并且，部门预决算说明中内容全面；部门预决算表格中的内容细化到位，非常规范。

第二，集中式生活饮用水水源水质监测信息公开情况尚佳。评估发现，83.67%的较大的市政府按月公开水源水质监测信息，85.71%的较大的市政府按季度公开供水厂出水水质监测信息，85.71%的较大的市政府按季度公开用户水龙头水质监测信息。并且，有的评估对象公开集中式生活饮用水水源水质监测信息的频率比法定要求更高。

6. 重视发挥政策解读回应关切作用

行政机关及时通过政府网站发布政策解读信息，

加强答疑解惑，主动回应个人关切，是提升政府公信力、社会凝聚力，稳定市场预期，保障公众切身利益的重要举措。评估发现，行政机关进行政策解读的总体情况较好，网站互动平台建设水平较高。

第一，主要负责人带头宣讲政策，权威性高。87.04%的国务院部门、96.77%的省级政府、91.84%的较大的市政府门户网站公布了主要负责人对政策进行解读的信息。

第二，尝试将政策解读贯穿于政策制定、政策发布和政策执行落实全过程。评估发现，10家国务院部门、3家省级政府、3家较大的市政府和5家县级政府对决策草案进行了解读或说明。部分评估对象在网站上发布了对审计报告的解读信息，如福建省、浙江省、广东省深圳市等。有的评估对象对政府工作报告的内容进行了解读，说明了本年度政府工作落实情况的几大亮点，如山东省等。

第三，普遍设置网站互动平台并回应公众意见建议。评估发现，94.44%的国务院部门、96.77%的省级政府、97.96%的较大的市政府、97%的县级政府门户网站设置了在线互动平台，如领导信箱、留言板、在线咨询等；75.93%的国务院部门、96.77%的省级政府、100%的较大的市政府、95%的县级政府门户网站都公开了反馈信息。

（二）政务公开工作仍需解决的问题

2017年，政务公开工作虽然取得了上述成就，但仍有一些共性问题需要解决。

1. 政务公开标准有待进一步明确

第一，重大决策事项的范围界定不明确。中共中央办公厅、国务院办公厅《关于全面推进政务公开工作的意见》，国务院办公厅《〈关于全面推进政务公开工作的意见〉实施细则》《2016年政务公开工作要点》等文件都要求推进重大决策预公开，但对于重大决策事项的范围仅笼统表述为“涉及群众切身利益、需要社会广泛知晓的重要改革方案、重大政策措施、重点工程项目”，下级政府及部门在具体操作中无所适从，还有可能出现推卸责任的现象。

第二，随机抽查结果和查处情况的公开方式不明确。虽然《国务院办公厅关于推广随机抽查规范事中事后监管的通知》明确要求加强抽查结果运用，抽查情况及查处结果要及时向社会公布，接受社会监督，国务院办公厅将其写入了《2016年政务公开工作要点》《2017年政务公开工作要点》，但随机抽查只是行政监管或行政检查的一种方式，随机抽查结果是否需要与其他类型的检查结果区分放置，或做明确标注，并无明确要求。此外，经随机抽查发现问题后所作出的查处结果的种类多种多样，如通报、处罚等，单从通报和处罚信息的内容中无法区分哪些是针对随机抽查发现的问题对象的查处。并且，查处情况和抽查结果之间具有关联性，二者是否需要关联发布，尚无明确要求。

2. 部分基础性信息公开尚未到位

2007 年出台的《政府信息公开条例》对各级行政机关应重点公开的政府信息作出了规定，但时至今日，《政府信息公开条例》已实施 10 年之久，其中所规定的对于政府管理而言较为基础性的政府信息的公开仍不到位。

第一，规范性文件的清理、备案信息公开和有效性标注情况欠佳。《国务院关于加强法治政府建设的意见》（国发〔2010〕33 号）、《法治政府建设实施纲要（2015—2020 年）》等文件均要求，加强对规范性文件的备案和定期清理，探索建立规范性文件有效期制度。评估发现，45. 16% 的省级政府、81. 63% 的较大的市政府、92% 的县级政府门户网站或其法制部门网站未公开 2017 年规范性文件备案审查信息。31. 48% 的国务院部门、32. 26% 的省级政府、24. 49% 的较大的市政府、43%的县级政府门户网站或其法制部门网站未公开近三年规范性文件清理结果。75.93%的国务院部门、48.39%的省级政府、67.35%的较大的市政府、77%的县级政府未在门户网站或其法制部门网站规范性文件栏目或目录中设置效力一栏，或在具体规范性文件页面上方显示有效性，或在文件末尾规定有效期。

第二，政府预决算公开有不规范之处。财政部多次制发推进地方预决算公开的文件，对各级政府应公开的政府预决算说明与表格的内容提出了最基本的要求。评估发现，仍有1家省级政府、6家县级政府门户网站或财政部门网站只公开了各部门预决算信息，未公开本级政府预决算信息。在预算表格公开方面，19家省级政府、25家较大的市政府、72家县级政府未能公开全部6张表格（一般公共预算收入表、一般公共预算支出表、一般公共预算本级支出表、一般公共预算本级基本支出表、一般公共预算税收返还和转移支付表、政府一般债务限额和余额情况表）。其中7家省级政府、4家较大的市政府、17家县级政府未公开任何2017年政府预算表格。

第三，政务服务信息公开不细致，有待改进。行政许可是政务服务的重要内容。《行政许可法》《政府信息公开条例》和国务院办公厅历年的政务公开工作要点均反复强调加强对行政许可信息的公开。评估发现，40.74%的国务院部门、58.06%的省级政府、42.86%的较大的市政府、63%的县级政府公开的部分政务服务事项的办事指南中未包括全部内容要素。92.59%的国务院部门、74.19%的省级政府、81.63%的较大的市政府、94%的县级政府的部分政务服务事项的办事指南内容不具体明确，或含有“其他”“等”此类模糊表述。3.23%的省级政府、4.08%的较大的市政府、32%的县级政府多平台发布同一政务服务事项的办事指南内容不一致。

第四，行政处罚结果公开程度不理想。公开行政处罚结果，既是对行政机关行使行政处罚权的监督，也有利于发挥政府信息对市场主体的规范和服务作用。评估发现，68%的国务院部门未公开2017年本部门的行政处罚结果，当然不排除某些部门在2017年未作出过行政处罚决定；51.61%的省级政府质量技术监督部门、51.61%的省级政府的工商行政管理部门、61.29%的省级政府知识产权管理部门、63%的县级政府城市管理综合行政执法部门、71%的县级政府安全生产监督管理部门未公开2017年本部门的行政处罚结果，公开率总体不高。

3. 重点领域信息公开仍待继续完善

近年来，国务院办公厅每年都印发政务公开工作要点，对当年的政务公开工作进行安排部署，明确本年度的重点任务。评估发现，部分重点领域信息公开情况仍不理想。

第一，义务教育阶段信息公开程度较低。国务院办公厅《2017 年政务公开工作要点》要求，推进义务教育招生入学政策公开，县级政府要公开义务教育招生范围、招生条件、学校情况、招生结果等信息。评估发现，49% 的县级政府未公开本地区小学招生范围，57% 的县级政府未公开本地区中学招生范围。其中，北京市东城区开设了义务教育招生工作系统，但该系统中的信息未向一般社会大众开放。虽然不排除有些地方可能会在实体公告栏、宣传栏、学校门口等张贴公告，告知义务教育划片结果，但这已经不能满足信息化时代人们对于随时随地查看信息的需求，所以，仍需完善公开方式，将政府信息“应上网尽上网”。在招生条件公开方面，44% 的县级政府未公开幼升小或小升初普通学生招生入学条件，37% 的县级政府未公开幼升小或小升初随迁子女招生入学条件。在学校情况公开方面，34% 的县级政府未公开学校情况。在招生结果公开方面，仅 4% 的县级政府公开了 2017 年义务教育招生结果，其余均未公开。

第二，审计结果公开情况不佳。国务院办公厅《2017 年政务公开工作要点》要求深化审计结果公开。

评估发现，19.35%的省级政府、51.02%的较大的市政府、83%的县级政府的审计部门未公开2016年本级预算执行审计报告；35.48%的省级政府、61.22%的较大的市政府、79%的县级政府的审计部门未公开单独的专项审计报告。

第三，法治政府建设情况年度报告公开程度不高。根据《法治政府建设实施纲要（2015—2020年）》，县级以上地方各级政府及其部门每年第一季度要向相关单位报告上一年度法治政府建设情况，报告要通过报刊、政府网站等向社会公开。评估发现，77.78%的国务院部门网站、25.58%的省级政府、28.57%的较大的市政府、66%的县级政府门户网站或其法制部门网站未公开2016年度法治政府建设情况年度报告。

4. 部分新要求新部署需进一步落实

2016年，中共中央办公厅、国务院办公厅印发《关于全面推进政务公开工作的意见》，标志着全国政务公开工作进入了新高潮，并对全国政务公开工作提出了新的要求。评估发现，部分新的要求有待落实。

第一，决策预公开亟待加强。重大决策预公开是全面推进政务公开的新要求。重大决策预公开的制度设计不仅在于针对重大决策草案征集意见，还在于对社会大众提出的意见建议进行回应与反馈，这是构建良好政民关系的必然要求。评估发现，53.70%的国务院部门网站、41.94%的省级政府、16.33%的较大的市政府、56%的县级政府门户网站或其法制部门网站未公开2017年重大决策草案征集意见的信息；96.30%的国务院部门网站、77.42%的省级政府、73.47%的较大的市政府、87%的县级政府未在门户网站或其法制部门网站公开2017年对重大决策草案征集意见的反馈。不仅如此，部分评估对象对重大决策草案征集意见的反馈内容不详细。

第二，“双随机”监管信息公开程度低。为了规范市场执法秩序，提高政府执法透明度，《国务院办公厅关于推广随机抽查规范事中事后监管的通知》要求，制定并公开随机抽查事项清单，加强抽查结果的运用，向社会公开抽查情况和查处结果。评估发现，42.22%的国务院部门未公开本部门随机抽查事项清单，64.52%的省级政府、48.98%的较大的市政府、79%的县级政府门户网站未公开本级政府各部门随机抽查事项清单。其中，有的政府门户网站仅公开了部分部门的随机抽查事项清单。另外，国务院部门的随机抽查结果公开程度低。80%的国务院部门网站未公开2017年本部门的随机抽查结果。安全生产监督管理领域的随机抽查结果公开程度不高。87.10%的省级政府安全生产监督管理部门、77.55%的较大的市政府的安全生产监督管理部门、87%的县级政府安全生产监督管理部门未公开本部门2017年的随机抽查结果。

5. 政策解读发布水平有待改进提升

政策解读与政策文件同步发布、关联阅读程度低。国务院办公厅《2017年政务公开工作要点》规定，各地区各部门要按照“谁起草、谁解读”的原则，做到政策性文件与解读方案、解读材料同步组织、同步审签、同步部署。国务院办公厅《〈关于全面推进政务公开工作的意见〉实施细则》规定，文件公布时，相关解读材料应与文件同步在政府网站和媒体发布。政策解读与政策文件同步发布，可以提高政策解读的时效性，政策解读与政策文件关联阅读，可极大地方便公众查找和理解政策文件。评估发现，53.70%的国务院部门、93.55%的省级政府、36.73%的较大的市政府、23%的县级政府的政策解读信息的上网时间与政策文件的上网时间间隔超过3个工作日。甚至有的评估对象先发布政策解读，数日之后才发布政策文件。59.26%的国务院部门、35.48%的省级政府、61.22%的较大的市政府、37%的县级政府门户网站没有在政策解读项下设置可导向该解读所对应政策文件的链接，甚至存在找得到政策解读却找不到对应政策文件的情形。

6. 依申请公开仍有规范空间

依申请公开是政府信息公开制度的重要方面，评估发现，部分评估对象仍有未按期答复申请、答复不规范的现象。第一，仍有评估对象答复不及时。26%的县级政府未在法定期限内答复申请。第二，答复格式不规范。18%的县级政府出具的答复书未盖公章，或未明示作出答复的机关。其中，大多数基层政府答复依申请公开信息时所使用的邮箱为个人邮箱，而非官方办公邮箱，且一些私人邮箱的昵称不恰当。经统计，邮箱域名为“.gov”的仅有上海市与北京市两个直辖市的区县政府。第三，答复内容不规范。行政机关作出对申请人不利的答复时，应援引法律依据、说明理由、明示救济渠道。但在作出不利答复的16家县级政府中，2家县级政府未告知法律依据，9家县级政府未说明理由，10家县级政府未告知救济渠道。

7. 公开平台建设仍需加强规范整合

政府门户网站是政务公开第一平台，其建设的水平直接影响政务公开的效果。评估发现，仍有政府和部门的网站栏目设置不规范，多平台并存且信息不互通。

第一，政府门户网站栏目设置不规范。政府门户网站是政府信息公开最重要的展示平台，其中的栏目设置及命名应以方便社会大众获取信息和办事为出发点。评估发现，部分评估对象将政府信息按照《2017年政务公开工作要点》（以下简称《要点》）的内容体例进行分类，栏目的名称以《要点》中的标题来命名。如新疆维吾尔自治区乌鲁木齐市政府门户网站的重点信息公开栏目中设有“促稳定”“稳增长”“促改革”“惠民生”“防风险”“重实效”子栏目，在上述子栏目下的栏目分类仍是以《要点》中的内容标题来命名，辨识度不高，并不能发挥信息指引的作用，失去了设置栏目应有的意义。

第二，多平台并存且不互通。目前，在部分领域，发布政府信息的平台有多个。如行政处罚信息可以发布在部门网站、政府门户网站的双公示专栏、企业信用信息网上，但多个平台上发布的同一部门的行政处罚信息，或交叉重叠，或各不相同，没有一个网站上有完整的信息，有的平台长时间不更新，群众甚至不知道这些信息平台的存在。又如，行政审批事项的办事指南既在部门网站公开，又在政府门户网站的在线办事平台公开，还在政务服务中心的网站上公开，多平台发布的行政审批事项办事指南并非来自同一信息源，且相互之间互不链接，信息的准确性很难保障。

三　各领域评估结果

（一）重大决策预公开

重大决策预公开是政务“五公开”中决策公开的重要内容。对涉及群众切身利益、社会关注度高的重大决策事项进行预公开，广泛吸纳社会大众的意见建议，一方面，有利于提高决策的科学性、民主性和公信力，减少决策执行的摩擦力；另一方面，有利于扩大公众参与，形成良性的政民关系。因此，《关于全面推进政务公开工作的意见》要求，实行重大决策预公开制度，涉及群众切身利益、需要社会广泛知晓的重要改革方案、重大政策措施、重点工程项目，除依法应当保密的外，在决策前应向社会公布决策草案、决策依据，通过听证座谈、调查研究、咨询协商、媒体沟通等方式广泛听取公众意见，以适当方式公布意见收集和采纳情况。

重大决策预公开指标主要考察54家国务院部门、31家省级政府、49家较大的市政府、100家县级政府门户网站是否公开2017年度重大决策事项目录、是否设置决策预公开专门栏目，上述评估对象门户网站或其法制部门网站是否公开2017年重大决策征集意见及反馈信息。需要说明的是，本次评估对重大决策事项的界定较为宽泛，包括规范性文件、规划计划及其他社会关注度高、与群众切身利益密切相关的事项。

1. 评估发现的亮点

（1）主动公开重大决策事项目录

明确公众参与范围、规范公众参与方式是科学合理规范重大决策预公开的重要内容。目前虽然很多地方制定了本地重大决策行政程序规定，通过不完全列举的方式划定重大决策的范围，但是仍不能明确哪些事项是重大决策事项。而有些地方则在年初拟定并公开重大决策事项目录，细化重大决策事项、承办部门、决策时间及公众参与方式，这不失为一种可借鉴的做法。评估发现，6家较大的市政府、2家县级政府网站公开了2017年度重大决策事项目录，分别是河北省邯郸市、江苏省苏州市、山东省淄博市、湖北省武汉市、广东省广州市、广东省深圳市、广东省广州市海珠区、广东省佛山市禅城区。其中，武汉市、广州市公开的决策事项目录内容完整，包括了决策事项、承办部门、决策时间及公众参与方式（是否听证）等信息。例如，广州市在政府门户网站“法规公文—市政府办公厅文件”栏目下公开了广州市人民政府2017年度重大行政决策事项目录和听证事项目录，这有利于严格执行重大决策制定法定程序，充分发挥公众的参与和监督作用。

（2）设置专门栏目且分类公开

设置专门栏目集中公开重大决策预公开信息，并且根据预公开的状态分类放置，有利于提升公开效果，方便公众查找。

大多数评估对象设置决策预公开栏目。评估发现，39家国务院部门、30家省级政府、44家较大的市政府以及57家县级政府门户网站设置了意见征集专门栏目，如民意征集、征集调查、在线征集、网上征集等专栏，集中发布对重大行政决策草案征集公众意见的信息。

其中，部分评估对象在栏目中区分征集状态。有8家国务院部门、15家省级政府、18家较大的市政府及19家县级政府在意见征集栏目中对征集状态进行区分。有的直接在栏目目录中标注征集状态或起止日期等信息。如贵州省贞丰县政府门户网站的网上征集栏目中，抬头标注了征集主题、征集状态（正在征集或往期征集）、发布时间和结束时间，意见征集的状态一目了然。有的按不同的征集状态设置不同的栏目，如云南省设置意见征集及往期回顾两个栏目分别公开正在进行及已结束的征集，广东省广州市在其民意征集栏目下又设置当前民意征集与以往民意征集两个板块，广东省新兴县民意征集栏目又分为征集中与已征集两个子栏目。

（3）重视公开解读决策草案

将政策解读关口前移，在对重大决策草案进行意见征集的同时公开对草案的解读，一方面，有利于消除公众在参与阶段的理解障碍，提升公众参与的针对性，提高预公开的质量和效果；另一方面，有利于提升政策解读效果。评估发现，10家国务院部门、3家省级政府、3家较大的市政府及5家县级政府公开了对决策草案的解读或说明。有的评估对象将决策草案说明在民意征集栏目中与决策草案同时发布，或在专门板块中呈现，如上海市普陀区；有的以附件形式呈现并可下载，如广东省珠海市、上海市金山区。

（4）积极反馈重大决策预公开征集到的意见

在重大决策预公开阶段，不只是征求社会大众的意见建议，还要对征集到的意见进行反馈，说明征集意见的总体情况、采纳情况和不采纳的理由，这既是对社会大众的尊重，也是构建良性政民互动关系的必然要求。评估发现，个别评估对象对重大决策草案征集意见的反馈工作落实较好。有1家国务院部门、4家省级政府、6家较大的市政府、10家县级政府门户网站或其法制部门网站公开了完整的意见反馈信息，包括征集到的意见的总体情况、采纳情况和不采纳的理由。其中，江苏省、四川省、广东省广州市、广东省深圳市、上海市普陀区、安徽省灵璧县、安徽省定远县的反馈内容较为细致，详细说明了征集到意见的总体数量、主要观点、采纳哪些观点、不采纳哪些观点及理由。如四川省在门户网站征集结果反馈栏目下公开反馈情况，以文字描述的形式对上述内容作出说明；上海市普陀区制作了意见征集反馈情况表格，表格内容详细，包含了意见来源、反馈内容、采纳与否以及采纳与否的理由4项信息；通过表格形式进行反馈的还有广东省广州市。

2. 评估发现的问题

(1) 重大决策预公开信息发布混乱

第一，部分评估对象有意见征集栏目但无相关内容。如国土资源部在政民互动栏目中有网上调查栏目，但该栏目发布的内容是关于调查问卷、投票评选等，没有关于重大决策草案的意见征集内容；国务院国有资产监督管理委员会的意见征集栏目中发布的是关于新版国资委网站网上调查的信息；新疆维吾尔自治区政府门户网站网上调查栏目、新疆维吾尔自治区乌鲁木齐市政府门户网站的调查征集栏目、河北省石家庄市政府门户网站的意见征集栏目是对问题的意见征集，没有重大决策草案意见征集信息；吉林省长春市政府门户网站的网上调查发布的是活动项目、地铁形象宣传语的征集，没有重大决策预公开意见的征集；吉林省吉林市政府门户网站网上调查栏目是关于问卷以及生活问题的调查，没有重大决策草案意见征集信息。

第二，部分评估对象有意见征集栏目，仍将相关信息置于栏目外。如安徽省定远县在民意征集栏目中没有重大决策草案征集意见的通知，只有意见征集整体情况的通知，而征集意见的通知发布在信息浏览栏目中。上海市虹口区意见征集反馈信息放置在规范性文件目录中，混杂在规范性文件草案中，难以查找；广东省汕头市法制局网站中的决策预公开、公告公示、工作动态 3 个栏目中都有征集意见信息。如此，意见征集栏目的设置便失去了应有的意义。

（2）重大决策预公开落实情况较差

多数评估对象未进行重大决策预公开。《关于全面推进政务公开工作的意见》和《2016 年政务公开工作要点》明确要求，积极实行重大决策预公开，扩大公众参与，对社会关注度高的决策事项，除依法应当保密的外，在决策前应向社会公开相关信息，并及时反馈意见采纳情况。评估发现，多数评估对象未公开重大决策草案征集意见及反馈信息。29 家国务院部门、13 家省级政府、8 家较大的市政府、56 家县级政府未在门户网站或其法制部门网站公开 2017 年重大决策草案征集意见的信息；52 家国务院部门、24 家省级政府、36 家较大的市政府、87 家县级政府未在门户网站或其法制部门网站公开 2017 年对重大决策草案征集意见的反馈。

（3）重大决策预公开存在敷衍

第一，重大决策草案征集意见内容有欠缺。重大决策草案在征集意见时应提供决策草案、征集意见的时间和渠道，以便公众能够及时、有针对性地参与进去。评估发现，部分评估对象征集意见的通知未能包括上述 3 项要素。在 2017 年对重大决策草案进行了征集意见的评估对象中，1 家国务院部门、2 家省级政府未提供决策草案；4 家省级政府、9 家县级政府未公开征集意见的渠道；3 家省级政府、9 家县级政府未公开征集意见的期限。这令社会大众无所适从，也降低了意见征集的效率。

第二，征集渠道单一，不便于多渠道参与。重大决策草案应通过多种渠道征集意见，以适应不同群体的习惯和需求。评估发现，部分评估对象仅通过单一渠道收集意见。有的仅通过电子邮箱渠道接收意见建议，如科学技术部、国家食品药品监督管理总局、河北省、浙江省、北京市西城区、浙江省嘉善县、浙江省江山市、广东省广州市海珠区、贵州省贞丰县等；有的仅通过在线平台收集意见，如湖北省；有的仅通过信函渠道收集意见，如住房和城乡建设部、国家安全生产监督管理总局等。

第三，征集期限短，公众参与程度低。重大决策草案征集意见应给群众留有充足的参与时间，评估发现，部分评估对象提供的意见征集时间过短或不明确，如表 2 所示。表 2 是对随机抽选的部分评估对象的征集时间所做的统计。

表 2　　部分评估对象的征集时间

区（县）	征集时间段	征集天数（含节假日）
北京市西城区	5 月 19—26 日	8 天
北京市昌平区	6 月 8—14 日	7 天
黑龙江省东宁市	7 月 11—15 日	5 天
浙江省宁波市江北区	7 月 11—17 日	7 天
浙江省嘉善县	7 月 12—14 日	3 天
浙江省江山市	8 月 18—24 日	7 天
安徽省定远县	7 月 13—20 日	8 天
广东省博罗县	调查时间：4 月 20 日—6 月 23 日（通知中：意见反馈截止时间为 5 月 20 日）	征集时间不明确
广东省新兴县	2015 年 10 月 12 日—无限制	征集时间不明确
贵州省六枝特区	2 月 8 日—9 日 12 时	1.5 天

注：资料搜集时间截至 2017 年 8 月 23 日。

资料来源：各区（县）门户网站。

第四，征集对象受限，公众难以参与。重大决策预公开的核心在于让社会大众参与政府决策，评估发现，个别评估对象仅在政府系统内部征集意见，未面向社会大众征求意见。如河南省重大决策草案意见征集的对象限定为各省辖市、省直管县（市）人民政府法制机构、政府执法部门；贵州省六枝特区则需用办公系统反馈，征集对象限于单位内部人员；更多此类问题如表3所示。

表3　**部分评估对象的征集对象**

区（县）	征集对象
安徽省定远县	乡镇、县直各单位
安徽省灵璧县	乡镇人民政府、开发区管委会、县政府有关部门
安徽省蒙城县	县财政局、县经委、县农委、县招商局、县科技局、团县委、县供销社等9家单位
贵州省六枝特区	各乡镇党委、政府，各社区党委、服务中心，特区党委各部门，特区国家机关各部门，特区人武部，各园区党工委、管委会，各人民团体，省、市属驻区有关单位，区属企事业单位

注：资料搜集时间截至2017年8月23日。

资料来源：各区（县）门户网站。

第五，对重大决策草案征集意见的反馈内容不详细。2家省级政府、7家较大的市政府、2家县级政府仅公开了征集意见的总体情况，未公开意见采纳情况；其中，1家省级政府、4家较大的市政府甚至仅公开了征集意见的数量，未对涉及的主要观点作说明，过于简略。1 家国务院部门、1 家省级政府、1 家县级政府仅公开了征集意见的总体情况和采纳情况，未对不采纳的理由作说明，这降低了决策的说服力和公信力。

（二）建议提案办理结果公开

第十二届全国人民代表大会第五次会议和政协第十二届全国委员会第五次会议已于 2017 年 3 月在北京圆满闭幕。根据《全国人民代表大会和地方各级人民代表大会代表法》，有关机关、组织应当认真研究办理代表建议、批评和意见，并自交办之日起 3 个月内答复。涉及面广、处理难度大的建议、批评和意见，应当自交办之日起 6 个月内答复。代表建议、批评和意见办理情况的报告，应当予以公开。《中国人民政治协商会议全国委员会提案工作条例》规定，承办提案的人民政府、政府部门和有关人民团体等，根据国家法律、法规、政策和有关规定办理提案，并对提案者作出书面答复。因此，《国务院办公厅关于做好全国人大代表建议和全国政协委员提案办理结果公开工作的通知》明确要求，各地区、各部门对于涉及公共利益、公众权益、社会关切及需要社会广泛知晓的建议和提案办理复文，应当采用摘要形式公开办理复文的主要内容。并且，从 2017 年开始，各地区、各部门进一步推动建议和提案办理复文全文公开。对于涉及公共利益、公众权益、社会关切及需要社会广泛知晓的建议和提案办理复文，原则上都应全文公开。全国人大代表建议和全国政协委员提案集中了社会各界群众的关切和智慧，公开建议提案办理结果，有利于密切政府与人民群众的联系，对保障社会公众的知情权、监督权有积极意义，能有效提升政府的公信力、社会凝聚力。

本年度项目组继续对 54 家国务院部门、31 家省级政府公开 2017 年全国人大代表建议和全国政协委员提案办理结果的情况进行评估。评估内容主要包括政府门户网站是否设置了建议提案办理结果专门栏目，是否公开 2017 年建议提案办理复文全文，是否公开 2017 年办理建议提案的总体情况。

1. 评估发现的亮点

(1) 对全国人大建议和政协提案的答复翔实

人大代表和政协委员代表社会各界向政府机关提出意见建议，政府机关对其的回复应当充分，以体现政府机关对社会各界关切事项的重视。评估发现，政府机关对建议提案大多直面回应，对问题进行解析，以数据论理，回答工作进展与成果。

(2) 对办理建议提案的总体情况介绍详尽

办理建议提案的总体情况是对本单位一年来收到

建议提案、吸收采纳建议意见、开展相关工作等的总结，内容应当具体详尽。评估发现，一些评估对象公开的建议提案办理的总体情况内容详尽。如国家烟草专卖局2017年全国人大代表建议和全国政协委员提案办理工作总结包括了基本办理情况、工作开展情况和答复情况等内容。

（3）专栏分类清晰，公开效果好

如四川省设置建议提案和答复专栏，并将其区分为五个子栏目：全国人大代表建议和答复、全国政协提案和答复、省人大代表建议和答复、省政协提案和答复以及建议提案报告通报总结，分类清晰合理，便于公众查找。

2. 评估发现的问题

（1）建议提案办理结果公开程度不高

第一，多数评估对象未公开2017年建议提案办理复文。评估发现，仍有11家国务院部门、13家省级政府未公开2017年全国人大代表建议的办理复文，13家国务院部门、18家省级政府未公开2017年全国政协提案的办理复文。当然，不排除有的部门2017年度未收到建议提案或不是收到的建议提案的主办单位，又或者有的建议提案的办理结果因为涉密或敏感等原因不宜公开。

第二，多数评估对象未公开本单位2017年办理建议提案的总体情况。《国务院办公厅关于做好全国人大代表建议和全国政协委员提案办理结果公开工作的通知》要求，各地区、各部门应当适当公开本单位办理建议和提案总体情况、全国人大代表和全国政协委员意见建议吸收采纳情况、有关工作动态等内容。评估发现，仍有41家国务院部门、24家省级政府未公开2017年度本单位办理全国人大建议的总体情况，41家国务院部门、25家省级政府未公开2017年度本单位办理全国政协提案的总体情况，公开率非常低。

（2）建议提案办理结果信息发布混乱

第一，部分评估对象未设置建议提案办理结果专门栏目。设置建议提案专门栏目可方便公众快速查阅相关信息。评估发现，仍有4家国务院部门、7家省级政府未设置专栏。

第二，部分评估对象虽然设置了建议提案专门栏目，但栏目不易被发现。第一种情况是，虽然将建议提案集中发在一个栏目中，但栏目名称不具有辨识度。如国家邮政局将其发在了政府信息公开目录的“其他”栏目中。第二种情况是，栏目位置过于隐蔽。如江苏省虽然设置了专栏，但通过站内搜索建议提案，点击具体信息页面，通过页面上方的查找路径才能找到，无法通过常规的正向查找获得，与未设置专栏无异。

第三，部分评估对象未对栏目内的建议提案信息进行分类。如辽宁省政府门户网站的建议提案栏目中将全国建议提案办理结果与省级建议提案办理结果相混杂，人大建议办理复文和政协提案办理复文相混杂，未做区分。

第四，部分评估对象未将相关信息放置在栏目内。如福建省虽然设置了建议提案办理结果专栏，其全国人大建议办理复文未置于专栏内，而是置于省政府文件专栏中；又如四川省虽然设置了建议提案报告通报总结栏目，但仍将办理建议提案的总体情况放在了建议提案工作动态栏目中，未能有效发挥专门栏目的作用。

（3）建议提案办理复文的标题指向性不强

评估发现，大多数评估对象公开的建议提案办理复文的标题是由会议名称、建议提案号组成的，标题中并没有体现信息的概要内容，不便于定位到具体的信息，如果在此基础上，由会议名称、建议提案号和建议提案的简要内容组成信息标题则会更明确。

（4）建议提案办理结果公开不及时

原则上，建议提案最多应自交办之日起 6 个月内办结，那么，第十二届全国人民代表大会第五次会议和政协第十二届全国委员会第五次会议的建议提案最晚应于2017年9月底办结。按照《政府信息公开条例》，政府信息应当自形成之日起20个工作日内予以公开，建议提案的办理结果应于11月初上网公开。评估发现，8家国务院部门、7家省级政府公开建议提案办理复文不及时，时间上具有滞后性。有的于2017年12月底公开，有的甚至延迟到2018年才予以公开。

（三）权力清单公开

梳理行政机关的权力和责任事项，编制并公开权责清单，有助于明确政府权力运行边界，加强监督，规范权力运行，是建设透明政府、法治政府的重要内容。因此，项目组继续对31家省级政府、49家较大的市政府、100家县级政府门户网站集中公开各部门权力清单的情况进行评估。

1. 评估发现的亮点

31家省级政府、49家较大的市政府、100家县级政府门户网站都公开了本级政府各部门的权力清单，公开率达到100%。

此外，部分省级政府不仅清晰展示了本级政府各部门的权力清单，还统一发布了本地区各级政府部门的权力清单。如陕西省政府门户网站设置了专门的权责清单发布平台，集中发布了从省级到市级，再到区县级政府各部门的权力清单，形成了一个统一的整体；且部门之间、上下级政府之间能够相互链接，层级分明，查询十分便利。

2. 评估发现的问题

（1）权力清单动态调整不及时

随着行政权力的取消、下放、保留，行政权力所依据的法律法规的调整，政府部门的行政权力事项应随之及时调整，以保证权力清单的准确性。2016 年颁布并实施的《慈善法》第 105 条规定了县级以上政府民政部门对将信托财产及其收益用于非慈善目的的慈善信托受托人的行政处罚权。所以，县级以上政府民政部门的权力清单中应当包括上述事项。评估发现，仅 6 家省级政府、1 家较大的市政府、6 家县级政府的民政部门的权力清单中有上述处罚事项，其他评估对象的权力清单都没有及时更新。权力清单编制滞后僵化，不及时动态更新，便失去了编制权力清单的意义。

（2）权力清单公开机制待理顺影响对外展示效果

国家在推行权力清单公开的过程中，采取的是由点到面的做法，即由行政审批事项清单公开扩展到 9 + X 项行政权力事项的公开。由于行政审批事项或者说行政许可事项包含在9+X项事项中，所以在对外展示方面，应该从单独的行政审批事项清单到统一公布的权力清单，而非仍旧将行政审批事项清单独立放置。评估发现，部分评估对象的行政审批事项清单和权力清单仍分开放置。如青海省西宁市在政府门户网站的“信息公开—行政审批”栏目公开了各部门的行政审批事项清单，又在“便民服务—权力清单”栏目公开了各部门除了行政审批事项之外的权力事项清单。又如，江苏省南京市建邺区在政府门户网站的“在线办事—政府部门权责清单”栏目中集中公开了各部门的各项权力，包括行政审批；又在“政务公开—清单公开”栏目中公开了行政审批事项清单。由此可见，权力清单公开的体制机制并没有理顺，多处反复公开反而影响公开效果。

（四）政务服务信息公开

国务院印发《关于加快推进“互联网+政务服务”工作的指导意见》，要求加快推进政务服务能力建设，全面公开政务服务事项目录，优化公开办事指南，提升政务服务的标准化和网络化水平，最大限度地利企便民，让企业和群众少跑腿、好办事、不添堵。因此，项目组对政务服务信息公开情况进行了评估。政务服务信息公开指标主要考察54家国务院部门、31

家省级政府、49 家较大的市政府、100 家县级政府门户网站公开政务服务事项目录、政务服务事项办事指南、行政审批结果的公开情况。

1. **评估发现的亮点**

（1）**地方政府政务服务事项目录的公开情况较好**

《关于加快推进“互联网 + 政务服务”工作的指导意见》明确要求，国务院各部门、各省级政府要依据法定职能全面梳理行政机关、公共企事业单位直接面向社会公众提供的具体办事服务事项，编制并公开政务服务事项目录，对于市级政府和县级政府没有作要求。评估发现，8 家省级政府、27 家较大的市政府、39 家县级政府门户网站公开了政务服务事项目录。显然，较大的市政府和县级政府的公开程度反而比国务院部门和省级政府更高，省级政府的公开程度比国务院部门更高。这说明，地方政府比国务院部门更加重视政务服务事项的梳理和公开。

（2）**注重建设本地区统一的政务服务平台**

加快建设本地区统一的政务服务平台，集中公开从省到市，再到县的政务服务信息，不仅有利于统一本地区政务服务信息的公开标准，也有利于明确政务服务事项在不同层级政府部门之间的划分，方便了群众和企业办事，提升了公开效果。评估发现，湖南省、广东省、贵州省等都建有统一的网上办事大厅，且平台下设市、区县级分厅，层级分明，分工清晰。

(3) 政务服务事项办事指南公开细致

尽管《关于加快推进“互联网+政务服务”工作的指导意见》对政务服务事项办事指南的内容要素有明确规定，个别评估对象在此基础上添加了更加细致和人性化的信息。如贵州省贵阳市网上办事大厅的政务服务指南提供的申请材料信息很细致，不仅有申请材料名称和格式文本，还明确了材料来源（申请材料提供方）、申请材料的法律依据。又如，福建省和贵州省的政务服务事项指南提供的信息很人性化，不仅有明确的办事地点，而且有交通指引，方便群众和企业办事。

(4) 省级环境保护领域行政审批结果公开程度较高

评估发现，31 家省级政府均公开了环境保护领域的行政审批结果，占比100%。这一方面离不开省级政府及其环境保护部门对审批结果公开工作的重视；另一方面也离不开环境保护部对本系统信息公开工作的指导，如环境保护部制发了《关于印发〈建设项目环境影响评价政府信息公开指南（试行）〉的通知》（环办〔2013〕103 号），对环境影响评价文件审批、建设项目竣工环境保护验收和建设项目环境影响评价资质审批的公开作了明确规定，尤其是对上述事项的内容要素进行了明确，为系统内的环境保护部门提供了清晰的指引。

（5）行政审批结果精细化公开，方便查找

目前，行政审批结果公开的普遍做法是在政府门户网站设置双公示专栏，集中公开行政审批结果，按照政府部门对其进行分类，或者是将其公开在企业信用信息网站上。评估发现，有的评估对象在此基础上按照行政审批事项的种类、时间、申请人等对其进行了更加精细化的分类。如四川省成都市安全生产监督管理局在其门户网站的安全生产许可公示栏目下，将行政审批结果分为危险化学品经营许可、危险化学品生产许可、危险化学品安全使用许可、烟花爆竹经营（批发）许可、非煤矿山企业安全生产许可、危险化学品建设项目、建设项目职业卫生项目审批许可、隐患整改方案审查情况、非煤矿山建设项目安全设施设计审查许可、金属冶炼建设项目安全设施设计审查许可、非药品类易制毒化学品二类经营备案证明、非药品类易制毒化学品生产二类备案证明、非药品类易制毒化学品生产三类备案证明等13类，并在每一类中对其进行更加细致的分类。又如，贵州省对公开的行政审批结果进行了精细化的分类，其网上办事大厅公布的行政审批结果可以按照受理部门、时间区间、申请人等关键词进行高级筛选；国家发展和改革委员会的行政审批结果可以按照办结时间、事项类型等进行高级筛选，提高了查找和分析利用的便利度。

2. 评估发现的问题

（1）政务服务事项目录的内容未突出重点

政务服务范围广、事项多，在梳理政务服务事项、推进政务服务事项公开的过程中，应突出重点、需求导向、急用先行。行政审批事项公开是推行行政审批制度改革、简政放权、优化服务的重要内容，基本公共教育、劳动就业服务、社会保险、基本社会服务、基本医疗卫生、人口和计划生育、基本住房保障、公共文化体育、残疾人基本公共服务等基本公共服务事项公开与社会大众生产生活密切相关，而投诉举报等则是基于基本公共服务本身衍生出来的监督服务；相应地，在梳理政务服务事项清单时应按照行政审批事项—基本公共服务事项—监督服务事项的顺序来梳理。评估发现，部分评估对象编制的政务服务事项目录中缺少重要服务事项的内容，有的反而是一些边边角角的服务事项，甚至将不属于政务服务的事项纳入政务服务事项目录。如陕西省的政务服务事项目录中，省民政厅的公共服务事项仅有地名信息查询和福利彩票服务热线（负责受理社会公众的咨询、投诉等）两项，没有社会救助、社会福利等重要事项；省财政厅的公共服务事项仅有会计从业资格证书管理服务和对会计师事务所、注册会计师违法行为的公告，其中，后者并不是政务服务事项。

（2）**政务服务事项办事指南的公开程度欠佳**

评估发现，仍有 2 家国务院部门、1 家省级政府、1 家县级政府未公开政务服务事项的办事指南。其中，河南省洛阳市洛龙区可能找到办事指南的位置如行政许可和政务大厅栏目链接的都是其上一级政府洛阳市的行政许可和政务服务大厅，本级政府门户网站中所找到的办事指南中办事地点和办事机构显示的是洛阳市行政服务中心，并未找到本级政府的行政审批事项办事指南。另外，国家知识产权局的行政审批事项清单中显示有 3 项行政审批事项，而在其门户网站公布的办事指南只有 1 项《专利审查指南》，且该指南是需要另行下载的文件，篇幅冗长，内容复杂，同其他国务院部门公布的办事指南相比，缺乏简明性和可操作性，不利于企业和群众快速了解申请专利的步骤。

（3）**政务服务事项办事指南的内容不全面**

政务服务事项办事指南是群众和企业办事的说明书，内容应当具体全面。《关于加快推进“互联网 + 政务服务”工作的指导意见》规定，规范和完善办事指南，列明依据条件、申请材料、流程时限、收费标准、注意事项等信息。评估发现，部分评估对象提供的政务服务事项办事指南内容未能包括办理依据、申报条件、申报材料、办理地点、办理流程、办理时限、收费标准等核心要素。2家县级政府的部分政务服务事项的办事指南未包括办理依据；4家国务院部门、2家省级政府、2家较大的市政府、2家县级政府的部分政务服务事项的办事指南未包括申报条件；1家国务院部门、2家县级政府的部分政务服务事项的办事指南未包括申报材料；6家国务院部门、8家省级政府、7家较大的市政府、22家县级政府的部分政务服务事项的办事指南未包括办理地点；6家省级政府、8家较大的市政府、13家县级政府的部分政务服务事项的办事指南未包括办理流程；6家国务院部门、5家省级政府、12家县级政府的部分政务服务事项的办事指南未包括办理期限；13家国务院部门、9家省级政府、8家较大的市政府、35家县级政府的部分政务服务事项的办事指南未包括收费标准。如中国证券监督管理委员会直接将法律法规条文罗列上去作为部分政务服务事项申报条件；安徽省黄山市徽州区的办理时限写的是“办理时间周一至五”。

(4) 政务服务事项的办事指南的内容不明确

政务服务事项办事指南是群众和企业办事的说明书，内容应当明确，给予清晰的指引。评估发现，部分评估对象的政务服务事项办事指南中的办理依据、申报条件、申报材料、办理地点、收费标准等都含有模糊性表述，容易让群众和企业看不明白。

第一，部分评估对象的办理依据不明确。政务服务事项的办理依据应包括法律法规名称、条款数和条款内容。评估发现，40 家国务院部门、14 家省级政府、30 家较大的市政府、70 家县级政府的部分政务服务事项的办理依据只有法律法规名称和条款数，或者只有法律法规名称，没有具体的条款内容。如黑龙江省齐齐哈尔市的烟花爆竹批发经营许可、供热许可证变更核准等仅有法规名称，权限内社会团体的成立登记的法律依据为“暂行”。

第二，部分评估对象的申报条件不明确。《关于加快推进“互联网 + 政务服务”工作的指导意见》规定，除办事指南明确的条件外，不得自行增加办事要求。评估发现，35 家国务院部门、12 家省级政府、24 家较大的市政府、67 家县级政府的部分政务服务事项的申报条件中含有“其他”“等”此类模糊表述。

第三，部分评估对象的申报材料不明确。申报材料的名称、格式、份数等应当明确，以便群众一次性带齐，减少跑腿的次数。评估发现，37 家国务院部门、8 家省级政府、11 家较大的市政府、38 家县级政府的部分政务服务事项的申报材料中含有“其他”“等”模糊表述。

第四，部分评估对象的办理地点不明确。政务服务办理地点应当包括具体的地址、办理机构名称，如果办理地点是政务服务大厅，还应当注明受理窗口号。评估发现，10 家国务院部门、9 家省级政府、18 家较大的市政府、36 家县级政府的部分政务服务事项的办理地点不明确。

第五，部分评估对象的收费标准不明确。有的评估对象仅仅罗列政务服务事项收费依据文件名称或文号，未告知收费标准和方式。

（5）申请材料的格式文本不易网上获取

申请材料是公民或企业在申请政务服务事项中最需要提前准备的部分，而很多申请材料是有格式文本的，在办事指南中提供可复制或可下载的申请材料格式文本，可以提高当事人和办理机构双方的办理效率。《关于加快推进“互联网 + 政务服务”工作的指导意见》要求，明确需提交材料的名称、依据、格式、份数、签名签章等要求，并提供规范表格、填写说明和示范文本。评估发现，12 家国务院部门、18 家省级政府、24 家较大的市政府、69 家县级政府未提供可供复制或下载的申请材料格式文本。如黑龙江省齐齐哈尔市提供的格式文本下载链接无效。有的申请材料的格式文本放置位置不规范，如山东省济南市政务服务中心的政务服务事项办事指南中没有提供申报材料的格式文本，反而将其放在各个部门网站的下载中心，甚至有的部门网站的下载中心链接无效。

（6）政务服务事项办事指南的内容不准确

政务服务事项办事指南的内容应当准确，以免误导群众。目前政务服务事项办事指南的公开平台多元，如政府门户网站的在线办事栏目、政务服务中心网站、部门网站等，很容易发生多平台间发布信息不一致的现象。评估发现，1 家省级政府、2 家较大的市政府、32 家县级政府多平台发布的同一政务服务事项的办事指南的内容不一致，主要体现在办理依据的法律法规名称、条款数不一致、申报材料不一致、办理期限不一致、面向对象不一致等。多平台公布的内容一致的办事指南中存在一个内容详细、一个内容简略的情况。这可能是因为，办事指南的发布主体不一致，且没有统一的发布标准，不仅信息重复录入、浪费行政资源，而且使得办事企业、群众无所适从。

（7）行政审批结果公开程度有待提升

公开行政审批结果，有利于提高政府行政管理透明度和政府公信力，有利于加强信用信息资源整合，推动社会信用体系建设；有利于加强社会监督，发挥公众参与规范市场主体行为的积极性。《企业信息公示暂行条例》对此已有明确规定。评估发现，仍有部分评估对象未公开行政审批结果。10 家国务院部门网站未公开2017年本部门的行政审批结果；5家较大的市政府、57家县级政府的门户网站或安全生产监督管理部门网站未公开2017年安全生产领域的行政审批结果。有的评估对象在行政审批栏目下公开的是行政审批事项的办理状态，如“办结”“处理中”，而非行政审批结果。

（五）“双随机”监管信息公开

为贯彻落实党中央、国务院关于深化行政体制改革，加快转变政府职能，进一步推进简政放权、放管结合、优化服务的部署和要求，切实解决当前一些领域存在的检查任性和执法扰民、执法不公、执法不严等问题，《国务院办公厅关于推广随机抽查规范事中事后监管的通知》要求，大力推广随机抽查监管，制定并公布随机抽查事项清单，法律法规规章没有规定的，一律不得擅自开展检查；建立“双随机”抽查机制，及时向社会公布抽查情况及查处结果，接受社会监督。梳理并公开随机抽查事项清单、抽查结果和查处情况，有利于规范市场执法行为，创新政府管理方式，营造公平竞争的发展环境，推动大众创业、万众创新。因此，本年度项目组对各级政府公开“双随机”信息的情况进行了评估，主要观察有随机抽查权限的45家国务院部门网站是否公开本部门随机抽查事项清单、抽查结果和查处情况；31 家省级政府、49 家较大的市政府、100 家县级政府门户网站是否公开本级政府各部门随机抽查事项清单，其门户网站、部门网站或企业信用信息网是否公开食品药品监督管理部门、安全生产监督管理部门的抽查结果和查处情况。

1. 评估发现的亮点

（1）设置专门栏目公开“双随机”信息

部分评估对象设置专门栏目集中并分类公开“双随机”相关信息，方便公众查找。如山东省青岛市政府在政府门户网站设置“双随机—公开”栏目，栏目中分类公开了与“双随机”相关的政策文件、各部门的检查方案、各部门随机抽查事项清单和抽查结果，方便查看。

（2）食药监领域随机抽查结果公开程度相对较高

评估发现，相对于安全生产监督管理领域，多数评估对象公开了 2017 年食药监领域的随机抽查结果。国家食品药品监督管理总局、31 家省级政府食品药品监督管理部门、47 家较大的市政府食品药品监督管理部门、59 家县级政府食品药品监督管理部门都公开了 2017 年本部门的随机抽查结果，公开率较高。这一方面得益于本部门对公开随机抽查结果的重视，另一方面也得益于上级主管部门对本系统公开工作的指导。由于食品药品监督管理部门是垂直管理部门，部分地区食品药品监督管理部门网站的栏目设置都是相似的，可见上级主管部门不仅对公开内容进行了指导，对于网站建设也给予了引导。

(3) 随机抽查结果和查处情况一并展示，方便查阅

如山东省济南市食品药品监督管理局将针对某一具体行政相对人的抽查结果、行政处罚结果、原因排查及整改情况一并展示在针对该相对人的核查处置情况通报中，清楚连贯，有利于了解案件的全貌和脉络。

2. 评估发现的问题

(1) 随机抽查事项清单公开程度低

梳理并公开随机抽查事项清单，有利于明确行政机关的抽查权限，法律法规规章没有规定的，一律不得擅自开展检查，加强社会监督。《国务院办公厅关于推广随机抽查规范事中事后监管的通知》《国务院办公厅关于印发2017年政务公开工作要点的通知》明确要求，制定并公布随机抽查事项清单，明确抽查依据、抽查主体、抽查内容、抽查方式等。评估发现，19家国务院部门未公开本部门随机抽查事项清单，20家省级政府、24家较大的市政府、79家县级政府门户网站未公开本级政府各部门随机抽查事项清单。其中，部分政府门户网站仅公开了部分部门的随机抽查事项清单，海淀区政府发布的随机抽查事项清单中的抽查主体只涉及部分部门。黑龙江省齐齐哈尔市龙沙区、浙江省杭州市拱墅区、安徽省黄山市徽州区、四川省新津县、四川省攀枝花市西区、贵州省遵义市播州区、贵州省兴义市、宁夏回族自治区青铜峡市等政府门户网站只公开了部分部门的随机抽查事项清单。

（2）随机抽查事项清单内容不全面

如前所述，随机抽查事项清单中应明确抽查依据、抽查主体、抽查内容、抽查方式等。评估发现，部分评估对象公开的随机抽查事项清单未包括上述全部要素。在公开了随机抽查事项清单的评估对象中，1 家国务院部门、1 家县级政府的随机抽查事项清单中未包括抽查依据，3 家国务院部门、1 家较大的市政府的随机抽查事项清单中未包括抽查主体，1 家国务院部门、3 家省级政府、1 家较大的市政府、6 家县级政府的随机抽查事项清单中未包括抽查内容，10 家国务院部门、2 家省级政府、7 家较大的市政府、5 家县级政府的随机抽查事项清单中未包括抽查方式。

（3）随机抽查结果公开程度低

《国务院办公厅关于推广随机抽查规范事中事后监管的通知》要求，要加强抽查结果的运用，向社会公开随机抽查结果和查处情况。《国务院办公厅关于印发

2017 年政务公开工作要点的通知》也要求，及时通过国家企业信用信息公示系统及其他平台公开抽查结果和查处情况。评估发现，第一，国务院部门的随机抽查结果公开程度低。36 家国务院部门网站未公开 2017 年本部门的随机抽查结果。第二，安全生产监督管理领域的随机抽查结果公开程度不高。27 家省级政府、38 家较大的市政府、87 家县级政府的安全生产监督管理部门的部门网站、政府门户网站或企业信用信息网未公开本部门 2017 年的随机抽查结果。

（六）行政处罚信息公开

公开行政处罚信息，推行行政执法公示制度，是打造透明政府和公信政府的重要体现，是促进简政放权、实现放管结合、切实转变政府职能的有效手段，是推进国家治理体系和治理能力现代化的必然要求。做好行政处罚信息公开，有利于规范市场执法秩序，提高行政执法的透明度和公信力；有利于加强社会监督，发挥公众对规范市场主体行为的积极作用；还有利于为市场提供充分的企业信用信息，合理引导市场主体作出选择，发挥政府信息的服务作用。《企业信息公示暂行条例》，中共中央办公厅、国务院办公厅印发的《关于全面推进政务公开工作的意见》，《国家发展和改革委员会关于认真做好行政许可和行政处罚等信用信息公示工作的通知》（发改电〔2015〕557 号）等对行政处罚信息公开有明确要求。因此，本年度项目组继续对行政处罚信息公开进行评估。行政处罚信息公开指标主要考察31 家省级政府、49 家较大的市政府、100 家县级政府门户网站公开各部门行政处罚事项清单的情况，以及有行政处罚权的50 家国务院部门、31 家省级政府、49 家较大的市政府、100 家县级政府门户网站、部门网站或企业信用信息网公开行政处罚结果的情况。其中，就行政处罚结果公开指标，针对31 家省级政府，抽取的是31 家省级政府的质量技术监督部门、工商行政管理部门和知识产权管理部门；针对49 家较大的市政府，抽取的是环境保护部门和食品药品安全监管部门；针对100 家县级政府，抽取的是城市综合执法部门、食品药品安全监管部门和安全生产监管部门。

1. 评估发现的亮点

（1）普遍公开行政处罚事项清单

梳理并公开行政处罚事项清单，有利于明确政府行使行政处罚权的边界，接受群众监督。评估发现，绝大多数评估对象都公开了行政处罚事项清单。31 家省级政府、48 家较大的市政府、100 家县级政府门户网站集中公开了各部门的行政处罚事项清单。

（2）环保与食药领域行政处罚结果公开较好

在环境保护领域，41 家较大的市政府环境保护部门公开了 2017 年本部门作出的行政处罚，占 83.67%。在食品药品安全领域，43 家较大的市政府食品药品监督管理部门、74 家县级政府食品药品监督管理部门公开了 2017 年本部门作出的行政处罚，分别占比 87.76%、74%。

（3）设置专栏公开行政处罚结果

部分评估对象设置专门栏目集中公开行政处罚结果。如中国人民银行、中国银行业监督管理委员会、中国证券监督管理委员会、中国保险监督管理委员会都将行政处罚公开在门户网站显著位置。其中，中国银行业监督管理委员会在其门户网站首页的政务信息栏目下设有行政处罚专栏，专栏中清楚地公布了处罚决定书编号与日期，每一条信息链接打开以后都是一个表格式的行政处罚决定书，清楚明确，内容齐全。

（4）定期发布行政处罚结果

如海南省海口市等部分城市的环境保护局和食品药品监督管理局每月都会公布行政处罚基本信息汇总表，信息完整，条理清晰，一目了然。

2. 评估发现的问题

（1）个别行政处罚事项清单发布混乱

在政府门户网站集中公开行政处罚事项清单并按照部门分类展示，有利于提升公开效果。评估发现，个别评估对象的行政处罚事项清单并没有集中分类展示。如湖南省常德市武陵区政府门户网站的权力清单栏目中混乱堆放着各种权力事项，并没有对其按照权力种类和政府部门进行分类，十分混乱，不易查找。

（2）行政处罚事项清单内容有欠缺

行政处罚事项清单中应包括行政处罚事项的法律依据。评估发现，仍有2家省级政府、7家较大的市政府、11家县级政府公开的行政处罚事项清单中未包括部分行政处罚事项的法律依据。

（3）行政处罚依据不明确

行政处罚的目的在于对违法行为人进行制裁，所以必须具有明确的法律依据。评估发现，4家省级政府、14家较大的市政府、6家县级政府行政处罚事项清单中的法律依据未完整包括法律法规名称、条款数和条款内容，公开得过于简单。

（4）部分领域行政处罚结果公开程度低

公开行政处罚结果，既是对行政机关行使行政处罚权的监督，也是在发挥政府信息对市场主体的规范和服务作用。评估发现，多数评估对象未公开部分领域的行政处罚结果。34 家国务院部门未公开 2017 年本部门的行政处罚结果，当然不排除某些部门在 2017 年未作出过行政处罚决定；16 家省级政府质量技术监督部门、16 家省级政府的工商行政管理部门、19 家省级政府知识产权管理部门未公开 2017 年本部门的行政处罚结果；63 家县级政府城市管理综合行政执法部门、26 家县级政府食品药品监督管理部门、71 家县级政府安全生产监督管理部门未公开 2017 年本部门的行政处罚结果，公开率低。同时，这也反映出，不同部门之间行政处罚结果的公开程度参差不齐。

（5）公开的行政处罚结果内容要素不完整

《国家发展和改革委员会关于认真做好行政许可和行政处罚等信用信息公示工作的通知》规定，各部门各地区应公示各项行政处罚事项的行政处罚决定书文号、执法依据、案件名称、行政相对人统一社会信用代码、处罚事由、作出处罚决定的部门、处罚结果和救济渠道等信息，以及作出行政处罚决定部门认为应当公示的相关信息，如此才能起到公开行政处罚结果应有的效果。评估发现，部分评估对象公开的行政处罚结果仍欠缺核心要素。1 家县级政府城市管理综合行政执法部门公开的部分行政处罚结果中未包括行政相对人名称；2 家省级政府工商行政管理部门、3 家较大的市政府的环境保护部门、3家县级政府城市管理综合行政执法部门、2家县级政府食品药品监督管理部门公开的部分行政处罚结果中未包括主要违法事实；1家国务院部门、1家省级政府工商行政管理部门、2家较大的市政府的环境保护部门、1家较大的市政府的食品药品监督管理部门、5家县级政府城市管理综合行政执法部门、20家县级政府食品药品监督管理部门、2家县级政府安全生产监督管理部门公开的部分行政处罚结果中未包括处罚依据；1家省级政府质量技术监督部门、1家较大的市政府环境保护部门、3家较大的市政府食品药品监督管理部门、5家县级政府城市管理综合行政执法部门、20家县级政府食品药品监督管理部门、2家县级政府安全生产监督管理部门公开的部分行政处罚结果中未包括处罚结论。其中，有些评估对象公布的处罚依据过于简单。如山西省大同市、辽宁省大连市、四川省成都市等的行政处罚信息公示中的处罚依据仅有法律法规名称和条款数，无具体的条款内容。有些评估对象公开的处罚结果过于简单。如吉林省吉林市、湖北省武汉市、湖南省长沙市等的行政处罚信息公示中仅公开了处罚类别，即罚款、罚没等，未公开具体的罚款金额。

（6）行政处罚结果更新不及时

第一，行政处罚信息公开时间滞后。《国家发展和改革委员会关于认真做好行政许可和行政处罚等信用信息公示工作的通知》明确规定，地方各级政府工作部门要在行政许可和行政处罚作出决定之日起 7 个工作日内在作出行政决定部门的门户网站进行公示。评估发现，部分评估对象未能在规定时间内在门户网站上公开行政处罚结果。如上海市金山区安全生产监督管理局 2016 年作出的行政处罚，2017 年才上网公示，这便失去了信息公开的意义。

第二，未常态化公开行政处罚结果。如交通运输部网站虽设有行政处罚专栏，但专栏中没有相关内容，只有 2014 年的通知文件，且近三年来没有更新过信息；河北省知识产权局公布的打击侵犯知识产权领域的行政处罚结果只更新到 2015 年；吉林省发布的产品质量领域行政处罚结果中也没有 2017 年最新的处罚结果，并且已发布的信息内容也不全；湖南省资兴市的企业信用信息网站的行政处罚公示只更新到了 2016 年；广东省新兴县的城市管理局和安全生产监督管理局行政处罚信息也没有公布 2017 年的行政处罚信息等。

（7）行政处罚结果信息发布混乱

第一，行政处罚栏目内信息混乱放置。如江苏省南京市政府门户网站的行政许可和行政处罚等信用信息公示专栏所公示的行政处罚信息中，市政府部门与各区县的行政处罚信息未区分，未按时间顺序排列，导致查询困难。

第二，多平台发布行政处罚信息混乱。目前发布行政处罚信息的平台有多个，如部门网站、政府门户网站的双公示专栏、企业信用信息网等，多个平台上发布的同一部门的行政处罚信息或交叉重叠或各不相同，没有一个网站上有完整的信息，有的平台长时间不更新，群众甚至不知道某些信息平台的存在。如江苏省南京市环境保护局网站上公开的行政处罚信息和市政府门户网站上公开的行政处罚信息有部分交叉；吉林省发布的产品质量领域行政处罚结果分散在省质量技术监督局网站、省政府门户网站、企业信用信息网。究其原因，在于多个公开平台由不同的部门分别管理，且多个平台间没有较好的协调同步机制。信用信息平台本身就有两套系统，一个是国家工商行政管理总局下的国家信用信息公示系统，另一个是工业和信息化部下的信用中国系统。除此之外，各部门按照国家发展和改革委员会的要求在门户网站设置双公示专栏公开行政处罚信息，而 3 家主管部门之间尚未建立良好的协调沟通和行政处罚信息的同步发布机制，既不利于公开标准的统一，也容易导致信息发布分散化，还浪费了行政资源，得不偿失。

（8）行政处罚信息公开形式不一

评估发现，行政处罚结果公开主要有 3 种形式，第一种是直接公布行政处罚决定书，如国家发展和改革委员会、工业和信息化部、辽宁省鞍山市、福建省厦门市等。这是最清晰完整的一种形式。第二种是以行政处罚简要信息汇总表的形式公开行政处罚信息，如福建省福州市、青海省西宁市、宁夏回族自治区银川市、宁夏回族自治区青铜峡市等。采取这种形式公开的详细程度不尽相同，大多数政府部门会在表格中列出全部关键要素，但有些政府部门会缺失违法事实、处罚依据、处罚结果中的部分信息。第三种是上传行政处罚决定书照片的形式，包括河北省唐山市和广东省珠海市等，这种形式公开出的行政处罚信息常图像模糊，致使图中信息不易辨认。比如，珠海市环境保护局公布的行政处罚结果为手写版行政处罚结果决定书照片，字迹潦草，图像模糊不清，极难辨认。

（七）审计结果公开

为促进依法审计，提高审计监督的透明度，保障国家重大政策的有效落实，国务院办公厅及审计署等相继发布文件，提出各审计单位要贯彻落实《审计法》的相关规定，坚持依法审计，加大审计力度，创新审计方式，提高审计效率等要求。国务院办公厅《2016 年政务公开工作要点》《2017 年政务公开工作要点》和《国务院关于加强审计工作的意见》均要求，深化审计结果公开，做好党中央、国务院重大政策措施落实情况跟踪审计结果公开，尤其要加大问题典型和整改典型公开力度，促进政策落地生根。为此，项目组对31家省级政府、49家较大的市政府、100家县级政府公开本级预算执行审计报告和专项审计报告的情况进行评估。

1. 评估发现的亮点

（1）设置专门栏目集中公开审计结果信息

评估发现，部分评估对象在政府门户网站或审计部门网站上设有审计报告公开专栏，且公开内容较为详尽。如，上海市审计局网站设置了“重点审计项目计划”“审计结果公告”“审计工作报告”和“审计整改报告”4个审计公开专栏；广西壮族自治区审计厅网站设置了“审计结果公告和整改情况”专栏；广东省佛山市禅城区审计局网站设置了“审计结果公告”专栏；广东省深圳市罗湖区政府门户网站设置了“审计结果”专栏，方便公众快速定位信息查找位置。

（2）审计报告内容完整、信息全面

审计是由国家审计机关对政府预算执行及其他财政收支情况的监督，审计报告的一项重要内容就是对审计发现问题的说明。评估发现，除宁夏回族自治区贺兰县外，公开了2016年本级预算执行审计报告的省级政府、较大的市政府、县级政府在报告中均对审计发现的问题进行了描述。不仅如此，其中，18家省级政府、25家较大的市政府、16家县级政府还对审计发现问题的整改情况进行了描述，回应了审计发现的问题。

（3）及时解读审计报告、提高其可读性

审计报告专业性强，为了提高社会大众对审计报告的可理解度、可接受度，审计机关应加强对审计报告的解读。评估发现，部分评估对象在网站上发布了对审计报告的解读信息，如福建省、浙江省、广东省深圳市等。以浙江省为例，浙江省审计厅网站以问答的形式针对审计工作报告的特点、财政总体收支情况、重大政策措施贯彻落实跟踪审计情况、民生领域审计的具体情况、揭示的重大违纪违法问题的线索等作了详细的解答，提高了审计报告的亲和力。

2. 评估发现的问题

（1）审计结果公开程度有待提升

第一，部分评估对象未公开本级预算执行审计报告。评估发现，6家省级政府、25家较大的市政府、83家县级政府的审计部门未公开2016年本级预算执行审计报告，其中，3 家省级政府、11 家较大的市政府、14 家县级政府只公开了 2015 年本级预算执行审计报告，未公开 2016 年审计报告。部分评估对象仅转发审计署相关文件，未公开本级审计信息。山西省审计厅网站公示的预算执行跟踪情况链接至审计署的相应信息；吉林省长春市、内蒙古自治区包头市审计局网站的审计公告栏目下的文件都是转发审计署的；还有的评估对象信息公开栏目以组织人事调整任命、领导动态等其他活动信息居多，而本职审计工作内容较少。从上述数据也可以看出，随着政府层级的降低，本级预算执行审计报告的公开情况也越来越不理想，基层政府公开得最差。

第二，部分评估对象未公开单独的专项审计报告。评估发现，11 家省级政府、30 家较大的市政府、79 家县级政府的审计部门未公开单独的专项审计报告，其中，部分评估对象在本级预算执行审计报告中对专项审计结果进行了描述，但未公开单独的专项审计报告。总体上，专项审计报告的公开率随着政府层级的降低而降低。

（2）对审计发现问题整改情况的描述不细致

评估发现，部分评估对象的审计报告中对审计发现问题的整改情况仅作一般性描述，未就问题作出详细、具体的回应。如辽宁省沈阳市政府 2016 年本级预算执行审计报告中仅说明:“对审计发现的问题,市审计局已依法作出处理处罚,提出审计建议。各单位对存在的问题积极进行整改,有些问题已整改完毕,下一步,政府将督促有关单位继续认真进行整改。”

(3)审计信息公开方式不规范

评估发现,审计信息公开不规范,主要表现在以下两个方面。第一,审计信息公开途径不统一,有的评估对象将审计报告公开在部门动态栏目中,有的公开在审计结果公示栏目中,有的公开在公示公告栏目,甚至有的在部门要闻栏目中出现。并且,上述有的栏目名称并不能直接指向审计信息,公众查找不便。第二,有的评估对象虽然设置了审计结果专栏,专栏内审计报告标题不明确,不便查阅。比如,云南省昆明市审计局的审计结果公告仅以文件编号为标题(如《审计结果公开2017第27号》)。

(八)政府信息公开工作年度报告

政府信息公开工作年度报告是对上一年政府信息公开工作的统计汇总,依照规定应当对社会公开。《政府信息公开工作条例》和《国务院办公厅关于加强和规范政府信息公开情况统计报送工作的通知》对政府信息公开工作年度报告应包含的内容和统计数据作了明确规定。政府信息公开工作年度报告指标主要观察49家较大的市、100家县级政府信息公开工作年度报告的可获取性、2016年年报的新颖性和内容。

1. 评估发现的亮点

(1) 年度报告形式新颖

第一，多样化展示年报，增强年报的可接受度。如湖南省长沙市以3D电子书形式展示年报，既可达到纸质书的视觉效果，又便于携带、节省空间，满足了公众对信息格式的多样化需求。又如上海市浦东新区、徐汇区、金山区、普陀区更是利用现代科技手段增加年报有声朗读功能，这在一定程度上也要归功于上海市政府对各区政府信息公开工作年度报告的有力指导。再如，四川省成都市对2016年年报的主要内容做了结构化展示，提纲挈领，有效传递整体报告信息。

第二，图文并茂，增强年报的可读性。充分利用图表图解、音频视频等形式展示年报内容，直观简明。评估发现，34家较大的市政府、61家县级政府都在年报中加入统计饼状图、柱状图、曲线图等，分别占比69.39%、61%。其中，江苏省苏州市2016年年报采用文档版与图解版相结合的方式展示，辽宁省抚顺市、江苏省无锡市也采取了同样的做法，二者互相映衬、相得益彰。

(2) 引入分析年报中统计数据的新视角

行政机关一年的政府信息公开工作，形成了大量的政府数据，对这些数据进行深度挖掘分析，有利于政府信息公开工作的精细化管理。因此，年报的内容不应限于《国务院办公厅关于加强和规范政府信息公开情况统计报送工作的通知》中的统计要求。评估发现，有的年报对依申请公开来源的情况进行了分类说明。如江苏省苏州市的年报中对申请人按照党政机关、社会团体、企业、公民（律师、科研人员等）等分类进行说明，广东省广州市也采取了同样的方式。另外，有的年报在罗列2016年统计数据的基础上，还对往年的数据进行对比分析。如福建省福州市的年报中，将2008—2016年全市政府信息公开申请数量进行对比分析，统计图表直观明了地显示了申请量的变化趋势，同样采用年度数据对比方式的还有吉林省吉林市、黑龙江省齐齐哈尔市、浙江省杭州市、湖北省武汉市、四川省成都市、甘肃省兰州市、青海省西宁市、宁夏回族自治区彭阳县等。

2. 评估发现的问题

(1) 县级政府2016年年报公开程度欠佳

《政府信息公开条例》明确规定，各级行政机关应当在每年3月31日前公布本行政机关的政府信息公开工作年度报告。评估发现，仍有6家县级政府未在本级政府和上级政府门户网站公开2016年年报，未能落实文件要求。

（2）政府信息公开工作年度报告发布位置混乱

在政府门户网站设置专门栏目集中发布本级政府历年年报、各政府部门年报，并按照年份、机构等分类放置，有利于提升公开效果，方便查找。评估发现，仍有部分年报发布位置不规范。

第一，未按照年份、机构分类发布。部分评估对象虽然设置了政府信息公开工作年度报告栏目，但栏目未按照年度、部门等进行必要分类，所有的年报都混杂在一起，不易查找。如山西省太原市政府年报夹杂在政府各部门年报及下属各区县年报中，查找不便。又如宁夏回族自治区平罗县政府2011年至2014年、2016年年报夹杂在其政府各部门及下属各乡镇年度报告中。

第二，发布位置不统一。部分评估对象将不同年份年报发布在政府门户网站的不同栏目。如青海省西宁市政府在“首页—信息公开—政府信息公开年报”栏目中仅公开了2009年至2016年年报，却将2008年年报发布在政府信息公开目录下的办公厅文件栏目中，未能有效发挥政府信息公开工作年度报告栏目的作用。除此之外，还有部分评估对象将不同年份的年报发布在不同层级政府门户网站。评估发现，5家较大的市政府2008年至2016年年报分别发布在本级政府网站和上级政府门户网站上，不易查找。

（3）部分年报配图制作水平低

在年报中加入图表图解、音频视频等有利于通过图文并茂的方式提高年报的公开效果，但配图不当则起不到预期效果甚至可能适得其反。评估发现，评估对象年报的配图水平参差不齐。有些年报全文没有配图，仅配有统计表，或于文字末尾直接呈现，或以可供下载的附件形式呈现；有些年报配图为照片、网站截图，没有直观呈现数据分析的折线图、饼状图或柱状图等，且文字与图片搭配视觉效果不佳，影响美观，如安徽省淮南市、海南省海口市2016年年报；有些年报配图制作水平低，图片模糊或不完整，影响查看效果，如宁夏回族自治区青铜峡市年报的附件“2016年政府信息公开情况统计表”中，表格制作不完整，数据基本空白。

（4）个别年报片面追求新颖性忽视友好性

在政府门户网站上公开的政府信息公开工作年度报告应可复制或可下载，以方便群众获取与利用。评估发现，个别评估对象由于过于追求年报形式的新颖性，而忽略了其可获取性和可利用性。如湖南省长沙市2016年年报以flash的形式展示出来，但是既不可被复制，又不能下载，在年报页面的上方指示栏中仅有打印图标，点击指示栏的帮助图标后也只有打印图标，在年报页面的下方指示栏中有一个分享图标，点击后只能分享网址而已。这直接影响了公众获取政府信息的便捷度，影响公开效果。

（5）个别年报内容有缺失

依申请公开是行政机关政府信息公开工作的重点，《政府信息公开条例》也明确规定，政府信息公开工作年度报告应当包括行政机关依申请公开政府信息的情况。评估发现，仍有个别年报中并未包含对依申请公开情况的说明，即通篇报告未提及该项内容。如辽宁省本溪市政府信息公开办公室 2016 年年报中只包括主要工作及成效、存在问题及整改情况、下一步工作打算三大部分内容，上述任一部分内容都没有关于依申请公开情况的说明。还有 5 家较大的市政府、9 家县级政府 2016 年年报没有对依申请公开收费情况进行说明，无法得知其是否收费及有无减免情况。

（6）不少年报内容不详细

加强政府信息公开工作，尤其是依申请公开工作方面的统计分析，有利于明确工作的重点和方向。《国务院办公厅关于加强和规范政府信息公开情况统计报送工作的通知》对年报中的统计内容作了明确规定，评估发现，仍有部分年报的统计数据有待细化。

在收到申请情况的统计方面，部分年报仅对申请量作笼统表述。6 家较大的市政府、26 家县级政府 2016 年年报未对申请方式的分类数据（如口头申请、当面申请、信函、电子邮件、在线申请）作详细说明。37 家较大的市政府、66 家县级政府 2016 年年报未对申请量居前的部门作说明，24 家较大的市政府、41 家县级政府 2016 年年报未对申请量居前的事项作说明。

在答复申请的统计方面，部分年报只是简单公开了依申请公开答复的总体情况。6 家较大的市政府、20 家县级政府 2016 年年报未对依申请公开答复结果（如决定公开、不公开、部分公开）进行分类说明。20 家较大的市政府、11 家县级政府 2016 年年报并没有提及不公开答复的原因，或仅笼统提及，如“主要是不属《政府信息公开条例》所指政府信息、涉及家人隐私、危及国家安全、公共安全、经济安全和社会稳定”，却没有进行具体的分类统计。

在因政府信息公开被复议或被诉讼的结果的统计方面，部分年报只是对涉公开复议诉讼总数作了笼统表述。10 家较大的市政府、14 家县级政府 2016 年年报未披露复议结果分类数据，11 家较大的市政府、10 家县级政府 2016 年年报未披露诉讼结果分类数据。

（7）个别年度报告文字表达欠妥当，数据不准确

政府信息及相应的年度报告应当真实、准确、客观。评估发现，个别年报存在文字表达欠妥、图文结构混乱、统计表格数据缺失等问题。如安徽省宁国市2016年年报中，行政复议、行政诉讼情况表述为"2016年，全市收到依申请公开行政复议案件1件，宣城市政府'零纠错'和行政诉讼'零败诉'"。这一表述有以下几点不妥之处：一是本年度报告为宁国市政府年报，但是后半句的主体却是宣城市；二是行政诉讼"零"败诉的前提是无行政诉讼，但是其并未提到有无行政诉讼，直接说明行政诉讼"零"败诉，不合逻辑；三是"零纠错"和"零"败诉在双引号使用上的区别也欠妥当，应在形式上保持一致。又如云南省绥江县2016年年报文字部分没有提及依申请公开信息情况及依申请公开收费情况，附件的统计表中显示依申请公开信息统计数也均为空白，但却显示依申请公开信息收取费用3万元，表述前后矛盾。

（九）法治政府建设情况年度报告

全面小康社会的建成不仅仅是经济发展水平和物质生产能力达到一定标准，而是具有多方面的丰富内涵。其中，贯彻依法治国基本方略、建成法治政府是一项重要内容。为促进法治政府建设，把政府工作全面纳入法治轨道，让政府用法治思维和法治方式履行职责，确保行政权在法治框架内运行，中共中央、国务院印发了《法治政府建设实施纲要（2015—2020年）》（以下简称《纲要》），并发出通知，要求各地区各部门结合实际认真贯彻执行。为此，项目组对54家国务院部门、31家省级政府、49家较大的市政府、100家县级政府门户网站公开2016年度法治政府建设情况年度报告的情况进行评估。

1. 评估发现的亮点

（1）法治政府信息公开平台建设初见成效

本次评估中，部分评估对象，如安徽省淮南市、河南省洛阳市、广东省深圳市、海南省海口市等地，均在政府门户网站或本级法制部门网站上专门设立了依法行政专栏，集中发布法治政府建设以及依法行政相关工作的具体信息，并对该项工作的文件、动态、报告及考核等相关信息进行了分类公开。

（2）市、县政府的报告公开较为及时

《纲要》要求，县级以上地方各级政府及其部门每年第一季度要向相关单位报告上一年度法治政府建设情况。评估发现，大多市、县级政府都能按时甚至提前落实文件要求。许多市、县级政府，如辽宁省鞍山市、安徽省灵璧县等，均在2017年1月就公开了本级法治政府建设或依法行政工作的报告，而其他大部分市、县级政府也都做到了在2017年3月底前将报告予以公开，如海南省海口市、浙江省嘉善县等，相关信息公开的时效性在一定程度上得到了保证。值得一提的是，还有地方政府在当年年底就对相关问题进行了总结并出具报告，极大地便利了下一年度具体工作的开展。如宁夏回族自治区2016年年底就公开了法治政府建设情况报告，并且在报告中梳理了上一年的工作，详细总结存在的问题并对下一年工作进行了充分安排，有利于相关部门及时开展法治政府建设工作。甚至，有的评估对象每半年对本级政府法治政府建设或依法行政工作的信息予以通报，有助于公众实时了解其法治状况，如安徽省合肥市。

（3）法治政府建设情况年度报告内容的规范化程度不断提升

首先，多数报告内容涵盖法治政府建设的各个方面，均按照《纲要》的要求，集中从政府职能的履行、制度体系的完善、决策水平的提升，以及决策、执法、监督、化解矛盾、提高人员素质等几个主要方面详细列明了上一年度法治政府建设工作的情况，并且注重结合当地实践对相关问题作具体的说明；不少行政机关的年度报告还着重强调了法治政府建设中对重点领域（如广东省珠海市）、领导责任（如河北省唐山市）以及保障措施（如山东省济南市）的安排，使得报告内容更为全面。

其次，不少国务院部门在法治政府建设过程中都创新性地结合了本部门工作性质及特点，作出了非常切合实际的尝试。如交通运输部强调了加快推进交通运输立法，构建综合交通运输法规体系的工作努力；环境保护部专门提及了通过法治来强化环境治理和生态保护的工作重点；这些国务院部门从自身工作出发，将《纲要》传达的法治精神融入其中，使得法治政府建设同人们的日常生活联系得更加紧密。

另外，不少评估对象在对上一年工作情况进行总结的同时，还附带指出了本级政府在法治政府建设或依法行政工作方面存在的主要问题，并提出了详细的改进措施和明确的努力方向，“上年度工作情况+工作中存在的问题+本年度具体工作安排”的报告模式初步形成，并为许多行政机关所接受，这对《纲要》在实践中的实施也作出了有益的补充。例如，广西壮族自治区、河南省洛阳市、广东省深圳市罗湖区都对本年度工作提出了具体思路，不断推进法治政府建设。

2. 评估发现的问题

（1）法治政府建设情况年度报告公开情况不理想

根据《纲要》，县级以上地方各级政府及其部门每年第一季度要向相关单位报告上一年度法治政府建设情况，报告要通过报刊、政府网站等向社会公开。评估发现，42 家国务院部门网站、7 家省级政府、14 家较大的市政府、66 家县级政府门户网站或其法制部门网站未公开 2016 年度法治政府建设情况年度报告。如辽宁省抚顺市仅发布了抚顺市政府报告 2016 年度法治政府建设情况的新闻，无报告本身。

除此之外，部分报告发布不及时。按照《纲要》及《政府信息公开条例》关于信息形成及发布时间的要求，各级政府及其部门应在每年第一季度制作完成报告，自报告完成之日起 20 个工作日内予以公开。项目组在评估中预留更为宽松的时间期限，但发现，部分报告的网上公开时间晚于 4 月 30 日。仅 5 家国务院部门、8 家省级政府、29 家较大的市政府、26 家县级政府的法治政府建设情况年度报告在 2017 年 4 月 30 日前在网上公开。甚至有的报告发布超期两个月以上，这意味着，这些报告发布时间大都在 7 月左右，该年度法治政府建设工作已经过半，报告的公布时间与报告的形成时间严重脱节。这无法起到及时回应群众对这一年政府法治建设的期待和关切的效果，也降低了报告对本年度工作所具有的借鉴意义。

（2）报告内容的规范化程度仍有提升空间

第一，报告的内容不完整。不少评估对象未完整发布法治政府建设情况报告的内容，如陕西省。

第二，报告中对下一年度工作的具体安排部分差强人意。一些法治政府建设情况或依法行政工作年度报告中对下一年度工作具体安排规定得过于笼统，如河北省唐山市、四川省盐亭县等。其中，唐山市在报告中这样描述：“2016 年，我市法治政府建设工作虽然取得了一定成绩，但仍然存在着很大差距。2017 年，我市将以深入学习贯彻党的十八届四中、五中、六中全会精神为指导，以全面落实《纲要》为统领，以‘全面推进依法治市、加快建设法治政府’为目标，按照全省的安排部署，进一步加快法治政府建设进程，为加快实现‘三个努力建成目标’、打造国际化沿海强市营造良好的法治环境。”盐亭县则写道：“……还存在工作开展不平衡、个别领域工作推进不深入、部门间协调配合不够等问题。2017 年，我们将按照我县推进法治政府建设的总体安排和省、市年度工作安排，认真制定和落实各项措施，深入推进依法行政，努力加快法治政府建设进程。”对本年度工作中存在的问题一笔带过，对下一年度工作安排也仅作原则性规定，没有实质内容。甚至很多评估对象的法治政府建设情况或依法行政工作报告中对下一年度工作具体安排无规定，如山东省济南市、广东省深圳市、浙江省宁波市江北区、四川省新津县等。以上现象广泛存在于各级单位的报告之中，这从侧面反映出一些评估对象对法制工作不够重视。各级单位应当加强对相关问题的反思，凭借在本年度工作过程中总结出来的经验教训指导下一年度的制度安排。法治永远在路上而非法治永远在徘徊。

（3）**报告的公开形式不规范，制约公开效果**

首先，报告的标题不规范。一方面，《纲要》实施两年来，不少地方单位，尤其县级单位，普遍仍以原有的依法行政工作报告作为对当地法治政府建设工作的总结，如安徽省淮南市、广东省深圳市等，这表明各级政府部门对二者的差别还没有深入理解。另一方面，还有评估对象使用新闻语言作为报告标题。例如，国务院国有资产监督管理委员会使用《国资委 2016 年度法治建设取得积极进展》作为法治政府建设报告的标题。一来缺乏严肃性，二来不利于公众查阅。

其次，报告的标题与内容不对应。评估中还发现一些评估对象信息公开存在浑水摸鱼的情况。如黑龙江省哈尔滨市道里区的报告应介绍本级行政单位即道里区进行相关法治政府建设的情况，但报告的内容却是关于中央大街和旅游局的。

（4）**报告的公开途径不明确，亟待规范**

评估过程中遭遇的最棘手的问题就是对相关信息的查找不便，相信这也是社会大众在查找信息过程中经常遇到的。各个评估对象对报告的发布尚无统一的途径。有的在通知公告中予以发布，如人力资源和社会保障部、江苏省徐州市；有的以日常新闻形式发布，如商务部；有的报告被归类在法制建设栏目里，如环境保护部；也有以法制部门文件形式发布的，如宁夏回族自治区贺兰县；或者如四川省盐亭县的报告，在法制部门中被归在其他类里；山东省淄博市的报告则需要在信息公开目录的其他类里翻阅30余页才能找到；四川省西昌市的报告是在政策解读中公布的；还有公开在“双公示”项目中的，如宁夏回族自治区青铜峡市。从政府年度报告到政府专题报告，从本级重大事项到上级重要任务，有的在工作汇报、工作进展条目中发布，有的在政策法规、法制监督专栏发布，此等种种，不一而足。报告公开途径的复杂直接导致了信息便民性与友好性的降低，妨碍了公众对相关信息的查询与了解，不利于法治政府建设工作的开展，人为地给各级政府部门接受群众反馈意见增设了障碍。

不仅如此，报告的公开平台也不统一。如法治政府建设情况报告除由本级政府发布外，还存在由本级政府法制部门在其网站予以发布的情形，典型的如国务院各部门。环境保护部、人力资源和社会保障部、审计署等8家单位的报告既发布在本部门网站，又发布在国务院法制办公室网站；国务院国有资产监督管理委员会报告单独发在本部门网站；而交通运输部报告则仅发布在国务院法制办公室网站。省市级政府也时有此现象发生，如陕西省。甚至存在由司法行政部门发布报告的现象，如广东省珠海市。

（十）政府工作报告

政府工作报告是各级政府须在每年召开的当地人民代表大会会议和政治协商会议上向大会主席团、与会人大代表和政协委员发表的报告，其主要内容包括前一年的政府工作内容的总结回顾、当年的工作任务、政府的自身建设等与政府工作相关的内容。公开政府工作报告，真实准确地公开政府的工作任务及其落实情况，有助于加强对政府工作落实情况的社会监督，增加政府透明度、提升政府公信力，打造法治政府、责任政府。中共中央办公厅、国务院办公厅印发《关于全面推进政务公开工作的意见》也明确要求，推进结果公开，加大对党中央、国务院决策部署贯彻落实结果的公开力度。推进发展规划、政府工作报告、政府决定事项落实情况的公开，重点公开发展目标、改革任务、民生举措等方面事项。因此，本年度评估了31家省级政府、49家较大的市政府、100家县级政府是否公开2016年度政府工作报告、2017年工作任务分工及工作任务落实情况。

1. 评估发现的亮点

(1) 公开形式展示清晰、方便查找

首先，多数评估对象设置了专栏。在评估的各级政府中，多数评估对象都在门户网站首页或者信息公开目录中以“政府工作报告”“年度报告”“工作报告”等为名设置了专门栏目，集中公开历年政府工作报告。以县级政府门户网站为例，有75家县级政府门户网站设置了相应栏目，占75%，极大地便利了公众查询相关信息，有利于公众对政府工作的监督了解，如北京市东城区、内蒙古自治区呼和浩特市新城区、安徽省合肥市庐阳区等。另外，部分评估对象设置了重点工作专栏，集中发布政府工作任务的分解情况与落实情况，如四川省成都市、安徽省合肥市、上海市虹口区。

其次，政府工作任务分解与进展关联展示。四川省成都市、广东省肇庆市高要区等在门户网站设置专门网页，公开每一项政府工作任务，并在各个任务下附上进展情况的链接，内容具体明确。

最后，政府工作报告或工作计划重点突出。部分政府工作报告对标题以及重要信息用深浅不同的字体加以区分，一目了然，便于了解政府重点工作，如内蒙古自治区包头稀土高新区等。

（2）**定期公开工作总结和部署，连贯性强**

第一，部分评估对象公开了 2017 年重点工作任务的分解。18 家省级政府、27 家较大的市政府、35 家县级政府门户网站公开 2017 年政府工作任务的分解分工情况，明确了工作事项和责任部门。如天津市、辽宁省抚顺市、江苏省常州市天宁区等公开的 2017 年工作任务分解情况用表格表示，内容清晰。明确责任和部门，有利于下一步工作的顺利开展。

第二，部分评估对象阶段性公开了 2017 年任务落实情况。2 家国务院部门、7 家较大的市政府、14 家县级政府门户网站分阶段地公开了 2017 年工作的落实情况。并且，部分评估对象按月度公开本月政府工作落实情况及下月工作计划，如湖南省株洲县、安徽省黄山市徽州区，这既体现了政府工作的连贯性，也便于公众及时了解相关工作进度，加强对政府工作的监督。

2. 评估发现的问题

（1）**政府工作报告公开情况不理想**

个别评估对象未在其政府门户网站公开 2016 年度、2015 年度政府工作报告。评估发现，2 家较大的市政府、12 家县级政府门户网站未公开 2016 年度政府工作报告；1 家省级政府、2 家较大的市政府、14 家县级政府门户网站未公开2015年度政府工作报告。如宁夏回族自治区2015年度政府工作报告、内蒙古自治区开鲁县2016年度和2015年度政府工作报告无法在政府门户网站内搜索到，但通过其他搜索引擎却能够搜索到。

（2）政府工作报告内容不全面

政府工作报告至少包括当年工作总结和下一年工作安排两部分。每一年各级政府都会在政府工作报告中对下一年要完成的事项作出承诺，下一年，各级政府也应在政府工作报告中对上一年承诺事项作出回应，告知承诺事项的完成情况，这是责任政府建设的重要表现。评估发现，个别评估对象2016年度政府工作报告忽略了对个别承诺事项进行回应。如山西省2016年度政府工作报告未完全回应积极稳妥推进新型城镇化事项；甚至有的评估对象2016年度政府工作报告中无当年工作总结部分，未对上一年度的工作安排作出回应，如北京市朝阳区2016年度政府工作报告中只对过去5年或4年的工作进行了回顾，而没有对2015年的具体工作进行总结回应。

（3）政府工作报告名称不统一、易造成混淆

有的名称为“2017年政府工作报告”，如北京市；有的则为“2016年政府工作报告”，如内蒙古自治区呼和浩特市新城区；有的干脆直接都称为“政府工作报告”。

（4）政府工作报告发布不规范

如北京市海淀区政府工作报告在栏目内重复发布；云南省开远市的政府工作报告混杂在政府文件栏目中，不便于寻找。

（十一）规范性文件公开

规范性文件俗称“红头文件”，是指行政机关作出的对不特定多数人的权利义务产生影响的可以反复适用的文件总称，包括法律、法规、规章及其他规范性文件。规范性文件是行政机关依法行政的依据，也是社会大众依法活动的准则，与社会大众切身利益密切相关，因此，规范性文件的制发、备案、清理等信息应当公开，供公众知晓。本次评估仅对规章以下规范性文件的公开情况进行观察。

规范性文件公开指标主要考察54家国务院部门网站，31家省级政府、49家较大的市政府、100家县级政府门户网站或其法制部门网站是否公开2017年规范性文件备案信息（国务院部门除外）、近三年规范性文件清理信息，以及是否对已公开的规范性文件标注有效性。

1. 评估发现的亮点

注重定期公开规范性文件备案信息。定期公开规范性文件备案信息，既体现了政务公开工作的常态性，也体现了规范性文件备案工作本身的常态性。评估发现，部分评估对象定期公开规范性文件备案信息。6家省级政府、1家较大的市政府及1家县级政府按月公开，如广西壮族自治区政府法制网在规范性文件备案栏目逐月公开了规范性文件备案目录。9家省级政府、1家较大的市政府及2家县级政府按季度公开。

2. 评估发现的问题

(1) 规范性文件发布位置混乱

在政府门户网站设置规范性文件栏目集中公开规范性文件，并且排除栏目内不相关信息，可以提升公开效果，也方便群众查找信息。评估发现，有的评估对象的规范性文件栏目定位混乱，在栏目中发布了一些不相关信息。如广东省博罗县政府门户网“政务公开—规章文件—规范性文件”栏目中有新闻信息。有的评估对象将规范性文件发布在栏目外。如安徽省灵璧县政府门户网站有县政府规范性文件栏目、县政府办规范性文件栏目和其他文件栏目，但在其他文件栏目中仍有县政府和县政府办的规范性文件。

（2）规范性文件备案信息公开情况不佳

《国务院关于加强法治政府建设的意见》明确规定，加强备案工作信息化建设，备案监督机构要定期向社会公布通过备案审查的规章和规范性文件目录。评估发现，14 家省级政府、40 家较大的市政府、92 家县级政府门户网站或其法制部门网站未公开 2017 年规范性文件备案审查信息。

（3）规范性文件清理信息公开情况不理想

《国务院关于加强法治政府建设的意见》要求，加强对行政法规、规章和规范性文件的清理。建立规章和规范性文件定期清理制度，对规章一般每隔五年、规范性文件一般每隔两年清理一次，清理结果要向社会公布。评估发现，部分评估对象未在近三年公开规范性文件清理结果。17 家国务院部门、10 家省级政府、12 家较大的市政府、43 家县级政府门户网站或其法制部门网站未公开近三年规范性文件清理结果。

（4）规范性文件缺乏有效性标注

《国务院关于加强法治政府建设的意见》要求，探索建立规范性文件有效期制度。国务院办公厅《2017 年政务公开工作要点》也要求，要及时公开政策性文件的废止、失效等情况，并在政府网站已发布的原文件上作出明确标注。评估发现，多数评估对象未对已公开的规范性文件标注有效性或有效期。41家国务院部门、15家省级政府、33家较大的市政府、77家县级政府未在门户网站或其法制部门网站规范性文件栏目或目录中设置效力一栏，或在具体规范性文件页面上方显示有效性，或在文件末尾规定有效期。

（十二）财政预决算

财政是庶政之母，公开财政资金的来源和使用去向，是各级政府及其部门应尽的职责，是接受群众监督、打击腐败的有效措施，是全面深化改革，推进阳光财政、透明政府和廉洁政府建设的关键举措。财政部《关于印发〈地方预决算公开操作规程〉的通知》对政府及部门预决算公开做了明确规定，尤其是明确了公开内容的标准、公开方式、公开形式等内容，是对财政系统预决算信息公开的重要指导。此次，项目组根据《关于深入推进地方预决算公开工作的通知》《关于印发〈地方预决算公开操作规程〉的通知》等文件对53家国务院部门（国家烟草专卖局的财政体制特殊，故不作为本指标的评估对象）的部门预决算和31家省级政府、49家较大的市政府、100家县级政府的政府预决算公开情况进行了评估。评估内容主要包括其财政预决算信息集中公开平台的设置情况、财政预决算说明与表格的公开情况和“三公”经费决算信息的公开情况。

1. 评估发现的亮点

（1）**省市政府普遍设置财政预决算公开专栏**

在政府门户网站或财政部门网站设置财政预决算专门栏目，集中展示本地区各部门的财政预决算信息，一方面，有利于政府对公开财政预决算信息进行集中管理；另一方面有利于提高其查找的便利度，提升公开效果。评估发现，31家省级政府、49家较大的市政府、100家县级政府门户网站或财政部门网站均设置了财政预决算信息公开专栏，均占100%。除此之外，53家国务院部门也均在其门户网站设置了财政预决算专门栏目，占100%。

（2）**国务院部门预决算公开情况较好**

第一，普遍公开预决算说明及表格。评估发现，53家国务院部门全都公开了本部门2017年预算说明及表格、2016年决算说明及表格。

第二，预决算说明内容全面。评估发现，53家国务院部门的2017年预算说明和2016年决算说明中都包括本单位职责、机构设置情况、预决算收支增减变化、机关运行经费安排和政府采购情况等内容。

第三，预决算表格均按要求进行了细化。评估发现，53 家国务院部门的 2017 年预算表格和 2016 年决算表格中的一般公共预算支出表均细化到了功能分类的项级科目，其一般公共预算基本支出表也都细化到了经济分类的款级科目，公开得非常规范。

2. 评估发现的问题

（1）财政预决算公开专栏设置仍有不规范之处

国务院办公厅《2017 年政务公开工作要点》、财政部《关于印发〈地方预决算公开操作规程〉的通知》都明确要求，自 2017 年起，地方各级财政部门应当在本级政府或财政部门门户网站上设立预决算公开统一平台（或专栏），将政府预决算、部门预决算在平台（或专栏）上集中公开。对在统一平台公开政府预决算、部门预决算，应当编制目录，对公开内容进行分类、分级，方便公众查阅和监督。评估发现，财政预决算公开统一平台的设置仍不规范。

第一，部分评估对象多栏目发布财政预决算信息。政府网站栏目设置应具有单一性和排他性，即仅应在政府网站设置一个栏目发布财政预决算信息，并且财政预决算信息仅应发布在这个栏目内，不应再放在任何其他栏目，这既明确了政府机关发布相关信息的位置，方便了对财政预决算信息的管理，也方便了群众查找信息。评估发现，有的评估对象在多个栏目内发布财政预决算信息。如国家发展和改革委员会在预决算栏目和“其他”栏目两个栏目都发布了财政预决算信息，但在预决算栏目内仅有一条预决算信息，其他财政预决算信息均发布在“其他”栏目。审计署在门户网站中设置了预算决算栏目，同时也在“新闻频道—审计要闻”栏目中发布了预算信息，并且，2016年决算信息同时在“公告公报—预决算”栏目、“信息公开”栏目中公开。国务院国有资产监督管理委员会将财政预算信息公布在专题栏目，决算信息却公布在“信息公开—财政监督”栏目中。如此一来，多栏目发布的财政预决算信息或交叉重叠，或仅公开部分内容，没有一个栏目中有完整的预决算信息，浪费行政资源。

第二，大多数评估对象财政预决算专门栏目未分类分级。栏目细化、精化分类有助于政府更好地管理和发布信息，公众也能更好地定位所需信息。评估发现，有的评估对象的预决算公开专栏未分类。如江西省政府门户网站虽然设置了财政预决算栏目，但栏目下无子栏目，所有的部门预决算信息、省财政总收入完成情况及其他说明等都混乱堆放在这一个栏目内，查找不便。

第三，财政预决算栏目定位混乱。政府门户网站的财政预决算栏目中仅应发布预决算信息，不应再发布其他不相关信息。评估发现，有的评估对象的预决算栏目并不是只发布财政预决算信息，也发布其他财政信息、通知和文件等，这使得财政预决算信息与其他财务信息混杂在一起，比较混乱，不易查找。

（2）政府预决算公开情况欠佳

第一，部分基层政府未全部公开本级政府和各部门财政预决算信息。评估发现，有1家省级政府、6家县级政府门户网站或财政部门网站只公开了各部门财政预决算信息，未公开本级预决算信息。有4家较大的市政府、20家县级政府只公开了本级财政2017年预算信息，未公开2016年决算信息。有1家省级政府、8家县级政府只公开了本级财政2016年决算信息，未公开2017年预算信息。

第二，公开政府预决算说明与表格，是预决算信息公开最基本的要求，但仍有政府未公开本级政府预决算说明与表格。评估发现，2家省级政府、13家县级政府未公开2017年政府预算说明；7家省级政府、4家较大的市政府、17家县级政府未公开2017年政府预算表格；1家省级政府、4家较大的市政府、25家县级政府未公开2016年政府决算说明；3家省级政府、5家较大的市政府、30家县级政府未公开2016政府决算表格。

（3）政府预决算内容有欠缺

《关于印发〈地方预决算公开操作规程〉的通知》

第十六条规定，地方各级财政部门在公开政府预决算时，应当对财政转移支付安排、举借政府债务、预算绩效工作开展情况等重要事项进行解释、说明。评估发现，仍有评估对象公开的政府预决算信息未包括上述内容。在公开了2017年政府预决算信息的评估对象中，2家省级政府、3家较大的市政府、20家县级政府未在其2017年政府预算信息中对财政转移支付安排作说明；6家省级政府、7家较大的市政府、32家县级政府未在其2017年政府预算信息中对举借政府债务情况作说明；1家较大的市政府、10家县级政府未在其2016年政府决算信息中对财政转移支付安排作说明；4家较大的市政府、12家县级政府未在其2016年政府决算信息中对举借政府债务情况作说明。

（4）政府预决算表格不齐全

不同地区的财政部门对本地区的财政预决算表格数量、名称、格式等的要求各不相同，尽管如此，《关于印发〈地方预决算公开操作规程〉的通知》对各级政府应公开的政府预决算表格提出了最基本的要求。本年度评估针对地方一般公共预算的6张表进行观测，观察各级政府公开的2017年政府预算表格中是否包括一般公共预算收入表、一般公共预算支出表、一般公共预算本级支出表、一般公共预算本级基本支出表、一般公共预算税收返还和转移支付表、政府一般债务限额和余额情况表。评估发现，19 家省级政府、25 家较大的市政府、72 家县级政府未能公开上述全部 6 张表格。其中 7 家省级政府、4 家较大的市政府、17 家县级政府未公开任何 2017 年政府预算表格。

（5）政府预决算表格仍待细化

《关于印发〈地方预决算公开操作规程〉的通知》第十五条规定，地方一般公共预算、政府性基金预算、国有资本经营预算和社会保险基金预算报表中涉及本级支出的，应当公开到功能分类项级科目。一般公共预算基本支出应当公开到经济性质分类款级科目。本次评估抽查各级政府公开的一般公共预算支出表和一般公共预算基本支出表，观察前者是否细化到了功能分类的项级科目，后者是否细化到了经济分类的款级科目。评估发现，在公开了 2017 年一般公共预算支出表的评估对象中，4 家省级政府、1 家较大的市政府、13 家县级政府未能细化到位；在公开了 2017 年一般公共预算基本支出表的评估对象中，2 家省级政府、1 家较大的市政府、14 家县级政府未能细化到位；在公开了 2016 年一般公共预算支出决算表的评估对象中，4 家省级政府、2 家较大的市政府、7 家县级政府未能细化到位；在公开了 2016 年一般公共预算基本支出决算表的评估对象中，3 家省级政府、1 家较大的市政府、

16 家县级政府未能细化到位。

（6）**有的“三公”经费决算信息内容不详细**

《关于深入推进地方预决算公开工作的通知》规定，“三公”经费决算公开要细化说明因公出国（境）组团数及人数，公务用车购置数及保有量，国内公务接待的批次、人数、经费总额，以及“三公”经费增减变化原因等信息。评估发现，多数评估对象公开的 2016 年“三公”经费决算信息中未包括上述内容。21 家省级政府、35 家较大的市政府、78 家县级政府未公开因公出国（境）组团数；21 家省级政府、35 家较大的市政府、76 家县级政府未公开因公出国的人数；4 家国务院部门、21 家省级政府、34 家较大的市政府、78 家县级政府未公开公务用车购置数；1 家国务院部门、22 家省级政府、33 家较大的市政府、76 家县级政府未公开公务用车保有量；3 家国务院部门、22 家省级政府、34 家较大的市政府、74 家县级政府未公开国内公务接待的批次；2 家国务院部门、22 家省级政府、34 家较大的市政府、74 家县级政府未公开国内公务接待的人数；1 家国务院部门、9 家省级政府、13 家较大的市政府、57 家县级政府未公开“三公”经费增减变化原因说明。

（7）**个别网站发布的信息依然存在错别字现象**

政府门户网站发布信息中出现错别字，表面上是其工作人员不认真所致，但究其本质是工作人员对公共事务的懈怠和应付，要想大力推进信息公开工作，工作人员就要改变对待公共事务的态度，从根本上杜绝此类现象的发生，提高发布信息的准确度。

评估发现，国家质量监督检验检疫总局门户网站发布的2016年部门决算说明中，并未找到2016年“三公”经费中因公出国（境）的组团数和人数，反而在其中查询到了“2015年‘三公’经费因公出国（境）的组团数和人数”。

（十三）地方政府债务信息

部分评估对象地方政府债务领域信息公开不够全面。对于地方政府债务领域信息公开而言，部分评估对象未完全公布地方政府债务领域信息公开要素中本地区政府债务种类、规模、结构、使用情况和偿还情况。评估发现，31家省级政府部门中，未公开以上地方政府债务领域信息要素的分别为8家、9家、9家、13家、16家；同样，49家较大的市政府中，有11家、14家、17家、26家、30家；100家县级政府中，有22家、30家、47家、72家、56家（见表4）。

表 4　　地方政府债务领域信息未公开要素　　单位：家

要素＼部门	31 家省级政府	49 家较大的市政府	100 家县级政府
种类	8	11	22
规模	9	14	30
结构	9	17	47
使用情况	13	26	72
偿还情况	16	30	56

（十四）集中式生活饮用水水源水质监测信息公开

集中式生活饮用水安全是关乎人民群众身体健康的大事。为贯彻落实《中华人民共和国环境保护法》《政府信息公开条例》和《水污染防治行动计划》，各级政府应进一步推进集中式生活饮用水水源水质监测信息公开，提高公众对水源保护工作的参与程度，加强水源水质监测与监管。本年度，项目组继续对集中式生活饮用水水源水质监测信息公开情况进行评估，评估主要观察 27 家省级政府是否公开本地区城市水环境质量排名，49 家较大的市政府是否定期公开集中式生活饮用水水源水质监测信息、供水厂出水水质监测信息和用户水龙头水质监测信息。

1. 评估发现的亮点

(1) 积极主动公开集中式生活饮用水水源水质信息

第一，部分评估对象公开集中式生活饮用水水源水质监测信息的频率比法定要求更高。国务院办公厅《2016 年政务公开工作要点》要求地级以上城市应按季度公开集中式生活饮用水水源水质监测信息，《关于印发〈全国集中式生活饮用水水源水质监测信息公开方案〉的通知》（环办监测〔2016〕3 号）要求地级以上城市应按月公开集中式生活饮用水水源水质信息。评估发现，有的地方的公开频率明显高于上述要求。例如，在集中式生活饮用水水源水质信息公开方面，浙江省宁波市环境保护局、河南省洛阳市环境保护局、广西壮族自治区南宁市环境保护局按周公开，福建省厦门市环境保护局按日公开；在供水厂出水水质信息公开方面，24 家较大的市政府按月公开，江苏省无锡市自来水公司、安徽省淮南市卫生和计划生育委员会、青海省西宁市自来水公司连续按周公开，辽宁省辽东水务公司（本溪市）、江苏省苏州市自来水公司、浙江省宁波市自来水公司、福建省厦门市卫生和计划生育委员会、湖南省长沙市自来水公司按日公开；在用户水龙头水质信息公开方面，26 家较大的市政府按月公开，江苏省无锡市自来水公司、湖南省长沙市自来水公司、青海省西宁市自来水公司按周公开。

第二，同2016年相比，2017年部分评估对象在集中式生活饮用水水源水质监测信息公开方面进步显著。在集中式生活饮用水水源水质信息公开方面，40家较大的市政府在公开内容和频率上保持了去年的水准或有所进步；在供水厂出水水质信息公开方面，40家较大的市政府在公开内容和频率上保持了去年的水准或有所进步；在用户水龙头水质公开方面，27家较大的市政府在公开内容和频率上保持了去年的水准或有所进步，其中，吉林省吉林市水务集团、浙江省杭州市人民政府网、贵州省贵阳市自来水公司的公开频率从按季度公开变为按月公开，江苏省徐州市卫生和计划生育委员会、安徽省淮南市卫生和计划生育委员会的公开频率从不定期公开变为连续按季度公开，另外，17家较大的市政府部门及事业单位2016年未对该项水质信息进行公开，2017年按要求进行了公开，有所突破。

（2）注重定期开展城市水环境质量排名工作

如福建省环境保护厅、甘肃省环境保护厅等按季度公开水质排名结果，天津市政府、重庆市环境保护局、宁夏回族自治区环境保护厅等按月公开水质排名结果。

2. 评估发现的问题

(1) 集中式生活饮用水水源水质监测信息公开情况欠佳

第一，少数评估对象未按时公开集中式生活饮用水的相关水质监测信息。2 家较大的市政府（福建省福州市、河北省唐山市）仅按季度公开水源（地）的水质监测信息，2 家较大的市政府（河北省邯郸市、山东省济南市）非定期公开水源（地）的水质监测信息，1 家较大的市政府（浙江省杭州市）未公开水源地水质状况报告；2 家较大的市政府（山东省济南市、海南省海口市）非定期公开供水厂出水水质监测信息，5 家较大的市政府未公开供水厂出水的水质监测结果；1 家较大的市政府（海南省海口市）每半年公开一次水龙头水质监测信息，6 家较大的市政府未公开用户水龙头（管网末梢水）水质监测结果，不符合要求。

第二，部分评估对象水质信息公开缺乏连续性。评估发现，部分评估对象饮用水水质监测信息未连续公开，其具体又分为三种类型：一是按月公开水质监测信息，但缺少某个月份的水质监测报告，如云南省昆明市水务局的城市供水厂水质月报中，缺少 7 月的水质报告。二是公开了 2017 年最初几个月的水质监测报告，在其后的月份都没有公开水质监测报告，如吉林省长春市水务集团从5月开始便不公开管网末梢水质，河北省石家庄市环境保护局地表水质公开月报仅公开至4月。三是仅公开近期水质监测信息，之前的水质信息没有链接或链接无效，如河南省郑州市自来水公司、广东省广州市环境保护局网站公布的出厂水水质和管网水水质仅能查看当前月份，山东省济南市环境保护局仅公开最新3个月份水质信息。

（2）城市水环境质量排名工作有待进一步落实

国务院办公厅《2017年政务公开工作要点》指出，要推进环境保护信息公开，环境保护部门要牵头开展城市水环境质量排名工作，每年公布水质最好和最差的城市名单。随后，环境保护部制定了《城市地表水环境质量排名技术规定（试行）》，明确了排名方法、信息发布等具体问题。评估发现，16家省级政府尚未公布水环境质量排名名单，占比为59.26%。

（十五）棚户区改造

保障性安居工程建设关系到人民群众，特别是困难群众的居住条件和生存发展权利，又是完善城市功能、改善城市环境的重要内容。公开保障性安居工程信息，可以监督保障性安居工程的建设和落实情况，促进社会和谐稳定。国务院办公厅《2017年政务公开工作要点》《国务院办公厅关于进一步加强棚户区改造工作的通知》《关于公开城镇保障性安居工程建设信息的通知》等文件明确要求公开保障性安居工程的供地计划、年度建设计划、开工项目信息、竣工项目信息等内容。本年度，项目组继续选取保障性安居工程中的棚户区改造信息公开进行评估，主要观察49家较大的市政府国土资源管理部门是否公开2017年棚户区改造用地计划，49家较大的市政府住房和城乡建设部门是否公开2017年棚户区改造年度建设计划和项目进度。

1. 评估发现的亮点

(1) 集中公开本地区棚户区改造信息，系统性强

集中公开本地区棚户区改造用地和建设信息，有助于加强对本地区棚户区改造工作的管理，也方便群众获取本地区相关信息。评估发现，黑龙江省齐齐哈尔市、江苏省南京市、浙江省杭州市、福建省福州市、江西省南昌市和广西壮族自治区南宁市等较大的市国土资源管理部门门户网站公布的棚户区改造用地计划具体到各县区，且内容较为详细。辽宁省抚顺市和浙江省杭州市政府门户网站或市住房和城乡建设（住房保障）主管部门网站公布的棚户区改造年度建设计划具体到各县区。

（2）注重定期公开棚户区改造项目进度

及时、定期告知社会大众棚户区改造项目进展情况，有助于扩大公众参与，加强社会监督，促进社会稳定。评估发现，河北省邯郸市、辽宁省大连市、吉林省吉林市3家较大的市的政府门户网站按季度公开了本地区棚户区改造建设项目开工和基本建成（竣工）情况；7家较大的市的政府门户网站或市住房和城乡建设（住房保障）主管部门门户网站按月公开了本地区棚户区改造建设项目开工和基本建成（竣工）情况，如黑龙江省哈尔滨市、浙江省宁波市、安徽省淮南市、福建省福州市、山东省淄博市、广东省珠海市和贵州省贵阳市。

（3）公开的棚户区改造项目信息详细具体

如安徽省淮南市政府公开得较为详细，其棚户区改造建设项目表格公开了建设任务量、建设计划项目清单、建设任务量完成进度、已开工基本信息和分配管理政策法规，清楚明了。

（4）设置专门栏目发布棚户区改造信息，发布规范

栏目精化分类有助于政府更好地管理和发布信息，公众也能更好地定位所需信息。评估发现，18家较大的市政府在其门户网站或市管理部门网站不仅设置了专门栏目发布棚户区改造信息，而且栏目设置醒目，易于查找，占36.73%，黑龙江省哈尔滨市“惠民”栏目、辽宁省抚顺市“保障性住房”栏目、浙江省宁波市和山东省淄博市的“三拆一改”栏目，其他市均为“棚户区改造”栏目。

2. 评估发现的问题

（1）棚户区改造信息公开程度仍有提升空间

第一，多数评估对象未公开本市棚户区改造用地计划。《国务院办公厅关于进一步加强棚户区改造工作的通知》（国办发〔2014〕36 号）要求，市、县国土资源管理部门应及时向社会公开棚户区改造用地年度供应计划、供地时序、宗地规划条件和土地使用要求，接受社会监督。评估发现，27 家较大的市政府门户网站和市国土资源管理部门网站均未公开 2017 年本市棚户区改造用地计划，占 55.10%。

第二，部分评估对象未公开本地区棚户区改造建设项目信息。国务院办公厅《2017 年政务公开工作要点》、《关于公开城镇保障性安居工程建设信息的通知》（建保〔2011〕64 号）要求，市、县住房和城乡建设（住房保障）主管部门应及时公开年度建设计划、开工项目信息、竣工项目信息。评估发现，14 家较大的市政府未在其门户网站或市住房和城乡建设部门网站中发布 2017 年本地区棚户区改造年度建设计划，占 28.57%；15 家较大的市政府未在其门户网站或市住房和城乡建设部门网站中发布 2017 年本地区棚户区改造建设项目开工和基本建成（竣工）情况，占 30.61%。

（2）**公开的棚户区改造用地计划信息过于简单**

评估发现，在公开了本市棚户区改造用地计划的 22 家较大的市政府中，16 家较大的市政府门户网站或市国土资源管理部门网站只公布了本市棚户区改造用地计划的一个总数据，既无各县区的具体数据描述，也未公开本市各个棚户区改造项目用地计划的具体数据，占 72.73%。更有甚者，福建省厦门市国土资源局公开的棚户区改造用地计划表格中的棚户区改造一栏无数据，但市政府门户网站却发布了棚户区改造任务完成信息，两者自相矛盾，不知所云。

（3）**少数评估对象门户网站重复发布信息**

门户网站重复发布信息既浪费网站资源，降低政府在公众心目中的权威性，也可能在公众心中留下负面影响。评估发现，少数较大的市政府门户网站存在信息重复发布的现象，如江苏省无锡市、新疆维吾尔自治区乌鲁木齐市等。乌鲁木齐市政府于 2017 年 8 月 18 日在其规划计划栏目中重复发布了两条“乌鲁木齐市 2017 年度国有建设用地供应计划”信息。

（十六）教育领域信息公开

义务教育是保障公民受教育权的重要方面，既关系到广大人民群众的切身利益，也关系到富民强国大业。及时全面公开义务教育信息，有助于保障适龄青少年及其家长的合法权益，也有助于对各地方落实义务教育国策的情况进行监督。为此，项目组依据国务院办公厅《2017 年政务公开工作要点》和《教育部办公厅关于全面推进政务公开工作的实施意见》《教育部办公厅关于做好 2017 年义务教育招生入学工作的通知》《关于进一步做好小学升入初中免试就近入学工作的实施意见》等文件中有关公开义务教育招生工作信息的要求，对 100 家县级政府的义务教育信息公开情况进行了评估。

本年度的评估内容包括本区县的义务教育招生入学政策、义务教育阶段入学政策咨询电话、2017 年义务教育招生范围、2017 年义务教育招生条件、中小学学校情况、学校招生简章及 2017 年义务教育招生结果。项目组通过观测县级或上一级教育行政部门网站、县级政府门户网站、本级或上一级招生考试主管部门网站来获取相关数据。

1. 评估发现的亮点

（1）招生条件明确度较高

明确清晰的入学条件有助于社会公众充分掌握小学及初中入学资质信息，以减少信息不对称的现象。评估发现，在已公开普通学生入学条件的56家评估对象中，54家公开得较为明确，比例高达96.43%，尤其是一些区县公开小学招生要求时，不只是简单说明6周岁儿童可入学，还注明了具体的出生日期，以及需提交的证明材料，例如贵州省贵州市南明区教育局；在已公开随迁子女入学条件的63家评估对象中，有59家评估对象公开得较为清晰，比例高达93.65%，如北京市昌平区、江苏省南京市建邺区、陕西省西安市未央区。

（2）网站间互相链接，方便查询

评估发现，部分评估对象的政府门户网站或教育行政部门网站集中整合网站资源，实现了信息数据的集中管理，同时不同平台之间可以跳转。例如，内蒙古自治区开鲁县教育局把与教育相关的专业化资源，如通辽教育概况、教育资源平台、教育管理平台等，统一整合为“智慧教育”平台，并展示在网站首页的一级栏目“智慧教育”中。北京市海淀区集中列出中小学校，点击后可直接进入学校官方网站，便于公众查询。

（3）随迁子女教育信息公开较好

《关于进一步做好小学升入初中免试就近入学工作的实施意见》要求，各地应依法合理确定随迁子女入学条件，简化随迁子女入学流程和证明要求，积极接收随迁子女就学，做好随迁子女平等接受义务教育工作。评估发现，部分县级政府在公开随迁子女就学内容上较为详尽，在公开的形式效果上一目了然。如四川省新津县教育局围绕随迁子女接受义务教育问题专门制定了《关于做好2017年进城务工人员随迁子女接受义务教育工作的指导意见》，对帮助社会公众了解当地随迁子女义务教育的政策内容发挥了重要的作用。另外，在公开形式上，还有像湖南省株洲县政府通过在“重点领域服务”栏目中设置“随迁子女服务”专栏，较为直观详尽地展示随迁子女教育的政策性信息、办事的流程化信息、招生划片信息、咨询监督联系途径等信息。

2. 评估发现的问题

（1）部分义务教育信息公开程度较低

根据国务院办公厅《2017年政务公开工作要点》的规定，县级政府或教育行政部门应推进义务教育招生入学政策公开，并公开义务教育招生划片范围、招生计划、招生条件、学校情况、招生结果等信息。评估发现，上述信息的公开情况并不理想。

第一，部分评估对象未公开义务教育招生政策文件。义务教育招生入学政策是指导本地区义务教育阶段招生工作的重要文件，与广大适龄儿童及其家长的切身利益密切相关。评估发现，40 家县级政府未公开本级政府 2017 年义务教育阶段入学工作的文件。

第二，近半数评估对象未公开义务教育入学政策咨询电话。公开义务教育入学政策咨询电话，方便社会大众对于不明白的事项“问个明白”。评估发现，48 家县级政府未公开义务教育入学政策咨询电话。

第三，多数评估对象未公开义务教育阶段划片结果。义务教育阶段划片信息是目前适龄儿童家长最为关心的问题，这关系到自己的孩子是否具有目标学校的入学资格。评估发现，49 家县级政府未公开本地区小学招生范围，57 家县级政府未公开本地区中学招生范围，86 家县级政府未公开本地区小学招生人数，85 家县级政府未公开本地区中学招生人数。其中，北京市东城区开设了义务教育招生工作系统，但该系统中的信息未向一般社会大众开放。虽然不排除有些地方可能会在实体公告栏、宣传栏、学校门口等张贴公告，告知义务教育划片结果，但这已经不能满足信息化时代人们对于随时随地查看信息的需求，所以，仍需完善公开方式，将政府信息“应上网尽上网”。

第四，近半数评估对象未公开义务教育阶段招生入学条件。公开招生入学条件是适龄儿童申请入学的重要前提。评估发现，44 家县级政府未公开幼升小或小升初普通学生招生入学条件，37 家县级政府未公开幼升小或小升初随迁子女招生入学条件。

第五，部分评估对象未公开学校情况。34 家县级政府未公开学校情况。11 家县级政府仅公开了学校的简要信息，如联系电话和地址。9 家县级政府仅公开部分学校的情况。

第六，多数评估对象未公开义务教育阶段学校招生简章。仅 16 家县级政府公开了公办或民办的普通中小学学生招生简章或艺术类、科技类等特长生招生简章，其中，有 13 家只公开了部分学校招生简章。

第七，绝大多数评估对象未公开义务教育阶段招生结果。只有浙江省义乌市、湖南省浏阳市、广东省广州市海珠区、贵州省贵阳市南明区 4 家公开了 2017 年义务教育招生结果。其中，后两个地方只公开了部分学校 2017 年义务教育招生结果。

（2）招生人数信息不明确

公开中小学招生计划应具体到人数，这不仅有助于招生工作的开展，监督促使招生资源合理分配，而且有助于招生部门正确掌握实际招生结果与招生计划存在的差异，从而后续采取科学的处理措施。

评估发现，一些地方只公布了拟计划招生的班级数，并未涉及班级的具体人数。例如，上海市普陀区、虹口区、金山区等只公布了招生计划的班级数，并未说明具体招生人数，而上海浦东新区的民办学校不仅公开了招生班级数，还具体到了人数，相比之下，公办学校招生人数公开情况更不理想。

（3）公开方式有待提升

义务教育信息公开属于重点领域政务公开的范畴，且与人民群众的切身利益息息相关，对其进行集中式、常态化公开十分必要。政府门户网站或主管部门网站应通过设置专栏的方式集中动态公示信息。评估发现，部分评估对象公示方式不妥，直接影响了公开效果。

第一，信息放置混乱，影响查找。评估发现，个别地方在公开类别信息时未将其放置在对应的专栏内。例如，河南省洛阳市洛龙区政府网站未将本区 2017 年义务教育阶段招生政策解读信息放置在“政策解读”栏目，反而放在“今日洛龙”栏目中，因该栏目信息更新较快，无疑增加了查找的难度；再如，内蒙古自治区乌海市海勃湾区教育信息网将 2015 年及 2017 年的中小学招生划片范围既公示在“政策法规—规章制度”栏目中，又公示在“政策法规—法律法规”栏目中，还公示在“招生工作”栏目中，但中小学招生划片范围信息从性质上来讲，将其放在政策法规栏目不恰当，应统一公示在“招生工作”栏目中。

第二，栏目缺乏分类。评估发现，一些评估对象有关义务教育信息公开的栏目设置特征不明显，缺乏子栏目设置。例如，安徽省定远县教育体育局网站的“政务公开—招考信息”中，不仅有义务教育招考的信息，还有招教考试的信息，两者混合放置，增加了公众筛选信息的负担。

第三，多栏目发布义务教育信息。通常栏目的设置应具有排他性和唯一性，如果确有在多个栏目内公示的必要，应保证内容为同一个链接源。评估发现，贵州省贵阳市南明区教育网将“2017 年南明区小升初公布名单”既发布在“咨询—公示公告”栏目，同时又发布在“公开—招生考试”栏目，且两者不是同一个网址。

（4）信息更新不及时

评估发现，一些评估对象的网站信息滞后，没有及时公开最新的信息。例如，四川省合江县政府网站只将义务教育入学政策更新到 2011 年；浙江省江山市政府网站的“便民服务—教育培训—小学/中学—就读政策”栏目公布的中小学招生方案，只有 2014 年的通知；河南省汤阴县政府在其门户网站公开了《关于印发政府网站重点领域政府信息公开专栏规范的通知》，该文件要求县教育体育局负责牵头落实教育服务信息公开专栏的规范建设，县政府办公室督促责任单位及时公开相关信息，但“文化教育”栏目中的信息都只更新到2016年。

（5）网站建设水平欠佳

门户网站是政府信息公开的第一平台，其建设得好不好直接关系着社会公众是否能及时方便地获取政务公开的信息。评估发现，部分评估对象在县级政府门户网站或教育行政部门网站存在网站建设影响公开效果方面的问题。

第一，栏目内容有空白。评估发现，个别评估对象的网站栏目内无任何内容。例如，贵州省兴义市政府门户网站的“网上办事服务大厅—教育”栏目没有任何公示内容；云南省腾冲市教育局网站虽然有中小学教育专栏的设置，但没发挥该专栏应有的公开载体作用，没有放置任何信息。

第二，未标注年份信息。评估发现，个别评估对象条目信息所附的网上发布时间未显示年份，只能点开后才能作出判断，使人无法第一时间判断某项信息网上发布是否及时。例如，河南省济源市济源教育网“教育考试—中小学招生”栏目里，每项信息附后都有时间信息（月、日），但没有年份信息。

（十七）政策解读

行政机关及时通过政府网站发布政策解读信息，加强答疑解惑，是减少政策执行阻力，提升政府公信力、社会凝聚力，稳定市场预期，保障社会公众知情权、参与权、监督权的重要举措。政策解读指标主要考察各评估对象在门户网站设置专门的政策解读栏目的情况，政策解读信息发布情况，解读形式，解读内容及主要负责人带头解读政策的情况。需要说明的是，本次评估中，针对政策解读信息采取从严的标准，仅限于本机关对自身政策的解读；主要负责人的界定则采取从宽的标准，不限于本单位“一把手”，只要是本机关工作人员即可。

1. 评估发现的亮点

(1) 普遍在门户网站设置政策解读栏目

政府门户网站是发布政策解读信息的第一位和最权威的平台，因此有必要在门户网站设置政策解读专门栏目，集中发布政策解读信息。评估发现，绝大多数评估对象在门户网站设置政策解读专门栏目，虽有少数门户网站不是以政策解读命名，也在相关栏目中发布了政策解读信息。52 家国务院部门、31 家省级政府、48 家较大的市政府、88 家县级政府门户网站均开设了政策解读专门栏目。此外，一些评估对象还针对政策解读信息设置了高级检索功能，当政策解读信息数量越来越多时，此功能的作用便会得到充分体现。安徽省各县级政府门户网站皆区分本级政府政策解读和上级政府政策解读，便于公众查询。

（2）政策解读形式新颖，可读性强

通过图表图解、音频视频等方式，将纯文字形式的政策通俗易懂地展现出来，便于公众了解政策内容，提高政策本身的亲和力、可接受度。评估发现，多数国务院部门网站所发布的政策解读形式新颖，以图解的方式将政策文件的主旨简洁而生动地展现出来，而不是对政策原文的生搬硬套，如教育部图解《中小学校领导人员管理暂行办法》以清晰的结构和文字展现各种条件和要求，简洁明了，清晰易懂。

（3）国务院部门、省、市主要负责人解读重要政策的要求落实较好

主要负责人带头宣讲、解读政策，发出权威声音，有助于政策措施的宣传，是最具有公信力的解读方式之一。47 家国务院部门、30 家省级政府、45 家较大的市政府门户网站都公布了主要负责人对政策进行解读的情况，各个主要负责人通过参加新闻发布会、接受访谈等方式带头宣讲政策，解疑释惑，传递权威信息。

2. 评估发现的问题

(1) 政策解读信息发布混乱

第一，多数政策解读信息未分类。当发布的政策解读信息越来越多时，为了防止大量信息堆积在政策解读栏目而造成查询不便，就有必要对解读信息进行分类，设置查询功能，提升查询便捷度。但仅少数评估对象对政策解读栏目进行分类。尤其是县级政府门户网站，经常引用上级政府的政策解读而无本级政策解读，本级政策解读往往很少甚至没有，且混杂在各种上级政策解读中，不易辨识。部分评估对象网页中不具备搜索功能或者搜索功能无法正常使用，即便存在搜索功能，但实用性较差，搜索体验不佳。

第二，少数政策解读栏目定位混乱。在政策解读栏目发布政策解读信息，便于公众明确政策解读栏目定位，查询相关信息。但仍有7家国务院部门、3家省级政府、8家较大的市政府、20家县级政府门户网站在政策解读栏目发布了非政策解读信息。

(2) 基层政府的政策解读发布情况有待加强

发布本级政府政策解读信息，是本级政府做政策解读的应有之义。然而部分评估对象，尤其是县级政府，只转发上级政府政策解读信息，本级政府政策解读信息较少，甚至没有。可以考虑到县级政府的实际情况，不能苛求，然而相较于其所发布的政策文件，政策解读信息却十分少。

（3）**政策解读时效性不佳**

部分政策解读未与政策文件同步发布。信息发布、政策解读、回应关切是做好政务公开工作的三大重要方面，三者三位一体、相辅相成，才能充分发挥释放信号、引导预期、回应重大舆情的作用。这就需要政府在发布信息的同时实施政策解读，增强政策解读的时效性。国务院办公厅《2017 年政务公开工作要点》规定，各地区各部门要按照“谁起草、谁解读”的原则，做到政策性文件与解读方案、解读材料同步组织、同步审签、同步部署。评估发现，29 家国务院部门、29 家省级政府、18 家较大的市政府、23 家县级政府的政策解读信息的网上发布时间与政策文件的网上发布时间间隔超过 3 个工作日。甚至有的评估对象先发布政策解读，数日之后才发布政策文件，如浙江省、浙江省宁波市江北区、广东省深圳市罗湖区等。

（4）**政策文件与政策解读之间关联性较弱**

在政府门户网站上将政府文件与政策解读信息相关联，可以极大地方便公众查阅相关政策及解读信息，有利于公众对政策文件的理解。而 32 家国务院部门、11 家省级政府、30 家较大的市政府、37 家县级政府门户网站没有在政策解读项下设置可导向该解读所对应政策文件的链接，甚至存在找得到政策解读却找不到对应政策文件的情形。公众若想查询该项政策解读所对应的政策，只能重新查阅，势必影响公民了解相关政策的积极性及对政策的理解。

(5) 政策的解读水平仍待提升

政策解读的核心要义是用通俗易懂的语言和灵活多样的形式，将专业性较强甚至晦涩难懂的政策文件解说给公众，让其能够充分地了解政策的主旨。评估发现，一些评估对象的政策解读信息仍主要是对文件内容的简单重述，有的虽然采取了图文解读的方式，但也只是进行了简单的画图和配色，文字内容既不通俗也不明了，没能发挥政策解读的功能。

（十八）网站互动

在政府门户网站设置政民互动栏目，回应公众个人关切，是提高政府公信力和社会凝聚力的重要手段。网站互动指标主要考察各评估对象是否在门户网站设置在线互动平台，是否对在网站互动平台上提交的问题进行回应。

1. 评估发现的亮点

(1) 普遍重视网站互动平台建设

绝大多数评估对象门户网站都设置了互动平台，

如领导信箱、留言板、在线咨询等。51 家国务院部门、30 家省级政府、48 家较大的市政府、97 家县级政府门户网站均设置了在线互动平台，互动平台设置已成普遍现象。

（2）注重细分互动平台的功能

部分评估对象按照问题性质或所涉部门的不同设置了不同的互动渠道，方便群众自主选择路径，有利于问题的分流受理和解决，也有利于提高行政机关解决群众问题的效率和质量。

（3）普遍公开公众提出的问题及反馈情况

公开公众所提出的问题及反馈情况，一方面便于公众监督，提高政府反馈的质量；另一方面，将相关问题及反馈展现出来可使有类似问题的公众查看反馈情况，既而减少类似问题的提出。评估发现，41 家国务院部门、30 家省级政府、49 家较大的市政府、95 家县级政府门户网站都公开了反馈信息。

2. 评估发现的问题

（1）个别网站互动平台功能混乱

个别评估对象设置的网站互动平台功能混乱，将信访渠道与回应公众关切渠道相混淆。如西藏自治区政府网上，不管从信访通道还是意见建议咨询通道进入后都是信访平台。这体现出，对信访的认识和对回应公众关切的认识较为模糊，并不能区分二者的功能定位。

(2) 部分互动平台不便于群众提出咨询

部分评估对象在互动平台中设置了复杂的注册账号方式或需要公众作出某些选择，方能提出咨询，这不利于提高公众积极提出咨询的热情。对于公众来说，需要进行注册或作出某些选择后才可以提出咨询，可能因感到烦琐或不便捷而放弃提出咨询，以至于不能发挥互动平台的功能，也不利于公众咨询解惑。

(3) 集中问答式回应忽略了对个人关切事项的回复

部分评估对象以集中的“一问一答”形式来回应公众的关切，回应的问题固然具有普遍性，但遗漏了一些公众的个性问题，且互动性不强。

(4) 部分回应内容空洞，并没有解决实质问题

评估发现，部分政府的回应并没有直面公众提出的问题，而是让公众去其他部门咨询。如安徽省办公厅关于直接从河道中挖去石料修路是否合法的咨询，回应称，“根据部门工作职责分工，就您所询问的问题，建议您向水利主管部门进行咨询”。这样的回应并没有解决实质问题。作为省级政府的门户网站，应该是内部协调水利主管部门来回应，而不是直接告知群众向相关部门咨询。

（十九）依申请公开

依申请公开是政府信息公开制度的重要内容，是主动公开的重要补充，是保障公民知情权的最后一道防线，《政府信息公开条例》对依申请公开的各个环节做了明确规定。本年度，继续对100家县级政府的依申请公开情况进行评估。项目组从2017年9月27日起，陆续通过挂号信的方式向100家县级政府申请公开“2016年1月1日至今，本地区是否为农民工和农村留守妇女儿童提供相应的公共文化服务？如果有，申请公开此项公共文化服务总体完成情况的信息”，评估其信函申请渠道畅通性和答复规范化程度。

1. 评估发现的亮点

（1）信函申请渠道普遍畅通

信函申请是依申请公开的重要渠道，信函申请渠道畅通是公民可以启动依申请公开的重要前提。评估发现，100家县级政府的信函申请渠道均畅通，中国邮政给据邮件跟踪查询系统显示，100封政府信息公开申请挂号信均被各个评估对象签收。

（2）及时与申请人电话沟通，在各个环节服务到位

虽然“文来文往”是行政机关在各个环节处理依

申请公开最安全的方式，但在出具书面告知书的前后，通知申请人查收及对查收情况进行确认，不失为一种到位的服务，尤其是在发出补正通知书之前，与申请人进行电话沟通，明确申请事项和需要补正的要素，既方便了申请人，也可以避免因为需要多次补正而降低效率。评估发现，部分行政机关在依申请公开的各个环节与申请人及时进行电话沟通。例如，江苏省新沂市在寄出答复告知书的当天，电话通知项目组当天已寄出答复信函，项目组大概会在一周内收到，望注意查收。该举动十分人性化。又如，北京市东城区出具补正告知书之后，在与项目组的电话沟通中，告知项目组申请事项仍不明确，需要将文件中间的“或”删掉。

(3) 建立处理依申请公开的转办机制，方便申请人

目前，在面对所申请事项非本机关职权范围时，虽然广义的一级政府也包括政府所属部门，但如果一级政府统一接收政府信息公开申请，再转发给相应部门办理，一级政府的工作量会增加，所以，大多数政府的做法仍是直接答复非本机关政府信息公开范围。评估发现，部分评估对象建立了依申请公开的转办机制，一方面，方便了申请人，另一方面，也便于一级政府对本地区依申请公开的统计和管理。有的县级政府将收到的申请转给业务主管部门，由业务主管部门直接作出答复，如江苏省南京市建邺区、河南省潢川县、河南省衡阳县、湖南省资兴市、陕西省靖边县、陕西省紫阳县等；有的县级政府在收到申请后，协调相关主管部门进行会商或责成相关主管部门提供信息，仍由县级政府作出答复，如上海市金山区、黑龙江省密山市、江苏省常州市天宁区、安徽省定远县、安徽省蒙城县等。

（4）就咨询事项提供便民解答，充分发挥依申请公开服务功能

评估发现，部分评估对象在答复咨询类申请时，会提供便民解答，实际上就是提供了所申请信息，而不是仅仅答复所申请事项属于咨询。如上海市浦东新区、上海市普陀区、浙江省嘉善县在答复书中表示，所提申请属于咨询，但本着便民原则进行了解答；上海市虹口区在答复书中表示，项目组要求获取的信息不属于本机关公开职责权限范围，但出于便民原则进行了提供；上海市金山区出具了补正告知书，但在补正告知的同时，本着便民原则提供了相关信息。

（5）救济渠道十分明确

在依申请公开的答复中，不仅告知申请人在对答复有异议时可以申请行政复议或行政诉讼，还明确告知行政复议机关和行政诉讼机关等，将会方便申请人行使救济权利。评估发现，部分评估对象在答复书中提供的救济渠道十分明确，包括救济渠道、行使救济权利的期限、救济机关等要素，如北京市西城区、上海市虹口区、江苏省沭阳县、浙江省杭州市拱墅区、浙江省温州市瓯海区、广东省佛山市禅城区等。

2. 评估发现的问题

（1）仍有个别评估对象对依申请公开设置限制条件

在依申请公开中设置限制条件并无必要，也不能真正起到限制申请的作用，是多此一举。但仍有个别评估对象采取此类做法。评估发现，有的评估对象在受理申请阶段设置限制条件。如浙江省杭州市拱墅区、湖南省株洲县、广东省肇庆市高要区、宁夏回族自治区平罗县仍要求提供用途证明。有的评估对象在答复申请阶段设置限制条件。如湖南省株洲县在答复材料中写明，此材料仅用于申请人课题研究。

（2）通知补正申请不及时

虽然《政府信息公开条例》并没有对补正告知的时限作出明确规定，但根据《政府信息公开条例》和国办公开办函〔2015〕207 号，15 个工作日是行政机关答复申请的时限，而不是行政机关可以在 15 个工作日内告知申请人补正申请。行政机关在收到政府信息公开申请后，若发现申请不明确，应及时告知申请人补正，而不是将其作为拖延答复的手段。评估发现，有的县级政府告知补正申请不及时。例如，项目组提出的政府信息公开申请于 2017 年 9 月 30 日寄达上海市虹口区政府，但上海市虹口区政府于 2017 年 10 月 19 日才寄出补正告知书；广东省肇庆市高要区在收到申请后第 6 个工作日才寄出补正告知书；浙江省温州市瓯海区在收到申请后第 10 个工作日才寄出补正告知书。这不仅消磨了申请人的耐心，也降低了依申请公开的办事效率，不利于服务型政府建设。

（3）滥用撤回申请程序

部分评估对象滥用申请人撤回申请的权利，强迫申请人撤回申请。如北京市东城区、北京市朝阳区、北京市海淀区政府都建议项目组撤回申请，其中，北京市海淀区政府在电话中不厌其烦地劝导申请人撤回申请，理由仅仅是申请事项不明确、受理机关错误、办理程序烦琐。

（4）部分对象答复不及时

《政府信息公开条例》规定，行政机关收到申请时，能够当场答复的，应当当场答复；不能当场答复的，应当自收到申请之日起 15 个工作日内予以答复。评估发现，26 家县级政府未在法定期限内答复申请。其中，3 家县级政府超期答复，22 家县级政府未答复申请，1 家县级政府要求撤回申请。

（5）答复格式较随意

依申请公开答复的格式应当规范，以体现答复的权威性。评估发现，仍有部分评估对象的答复格式不规范。有的纸质答复书未盖答复机关的公章。如安徽省铜陵市义安区出具的纸质答复未盖行政机关的公章；江苏省新沂市提供的答复材料中无答复书，且答复材料上也无答复机关的公章。有的行政机关在答复时使用的邮箱名称为不恰当的昵称，如陕西省渭南市华州区政府的邮箱名是“*^_^* ooO”；陕西省靖边县政府的邮箱名是“（9JSWL8B）活动中心”；河南省开封市祥符区政府的邮箱名是“我爱又又”；贵州省凤冈县政府的邮箱名是“老何”；浙江省江山市政府的邮箱名是“一二三四五六起”；四川省新津县政府的邮箱名是“笨笨猪_.._”；四川省合江县政府的邮箱名是“静静”；四川省万源市政府的邮箱名是“♂幸福？倒映♀”。有的行政机关的答复邮件的邮箱名、正文、附件等处都未明显标注答复机关名称。如贵州省凤冈县政府使用的邮箱名称是“老何”，邮件正文仅有“收到请回复”，无抬头和落款，附件的答复材料中对本机关的称呼大多表述为“我县”。

（6）答复内容不规范

根据《政府信息公开条例》，行政机关作出公开类型的答复时，应当告知获取信息的方式和途径；作出对申请人不利的答复（部分公开、不予公开、非政府信息、信息不存在、非本机关政府信息公开范围等）

时，应当告知申请人法律依据、理由和救济渠道。这有利于提高答复的说服力和权威性。评估发现，仍有评估对象未达到上述要求。

第一，个别县级政府答复所申请信息属主动公开信息，但未告知明确的获取途径。例如，广东省新兴县在答复中表示所申请信息已主动公开，但提供的链接是门户网站首页的链接，并未明确指向所申请信息的准确位置，与未告知申请人所申请信息无异。

第二，部分县级政府作出了对申请人不利的答复，但未告知法律依据、理由和救济渠道。评估发现，2家县级政府未告知不公开的法律依据，9家县级政府未说明不公开的理由，9家县级政府未告知救济渠道，另外，1家县级政府告知的救济渠道过于简单，并不能为申请人提供明确的指引。其中，2家县级政府的答复完全未告知法律依据、理由和救济渠道。如上海市徐汇区的答复只有简单一句话："您的来信收悉，经审查，来信内容属于咨询。"

第三，个别答复书中仍有错别字。如浙江省杭州市拱墅区的答复书中将"身份证明"写成了"身份证名"。

（7）答复口径不一致

对同一项政府信息是否应当予以公开，在对信息属性的认定上，地方政府还存在一定的偏差或不一致之处。有的县级政府答复公开，有的答复非政府信息，有的答复非本机关政府信息公开范围，有的答复信息不存在，甚至在同一地区内各个县级政府答复的内容也不一致。例如，虽然同属于江苏省，南京市建邺区、新沂市、常州市天宁区、苏州工业园区、沭阳县政府答复公开；无锡市滨湖区政府答复本机关信息不存在，如皋市政府答复不加工汇总。

（8）答复内容不严谨

如四川省新津县政府提供的答复信息中包括一份规范性文件的草稿，该草稿上标注的公开属性是不予公开，但新津县政府却将其提供给了项目组。究其原因，一方面是该县政府的公文属性源头管理机制运行情况不佳；另一方面是该县政府在作出答复时不谨慎。

（二十）政务公开平台建设

在互联网科技高度发展的今天，各级政府都利用互联网技术建设本级政府门户网站及其相关部门网站，网站是各级政府发布本级信息的平台，也是推进信息公开工作的前提，更是公众了解政府信息、维护其息息相关的权益的窗口。评估发现，部分评估对象的政府网站建设水平仍有待提升。

第一，网站整合度不高。《政府网站发展指引》要求，各级政府分类开设网站，其中，县级政府部门原则上不开设政府网站，通过县级政府门户网站开展政务公开，提供政务服务。已有的县级政府部门网站要尽快将内容整合至县级政府门户网站。评估发现，部分评估对象的部门网站无法访问或已关停，但部门网站上的信息并未迁移至政府门户网站上进行展示。如安徽省蒙城县审计局网站已关停，但审计信息尚未与政府网站衔接。

第二，部分政府网站上的信息链接无效或有错误。例如，内蒙古自治区包头市环境保护局行政处罚公开汇总表中的处罚文书链接无效。又如，内蒙古自治区镶黄旗政府网站上公开的权责清单中，内容属于行政处罚的内容，分类却显示为行政许可。

第三，“僵尸网站”仍然存在。评估发现，少数评估对象虽然设置了本级政府部门网站，却很少发布政府信息，甚者在长达2—3年的时间内未发布一条信息，这些“僵尸网站”屡见不鲜。如西藏自治区拉萨市国土资源局网站的政务公开栏目中的所有信息都是2015年5月15日发布的，之后未再更新。

第四，网站无障碍浏览功能配置不佳。加强网站无障碍建设是消除“数字鸿沟”、体现“信息平等”、方便残疾人等特殊群体获取信息、享受公共文化服务，使互联网更好地惠及民生，促进特殊群体充分参与社会生活、共享社会物质文化成果，建设包容性社会的必然要求，是社会文明进步的标志。中国残疾人联合会、国家互联网信息办公室联合印发的《关于加强网站无障碍服务能力建设的指导意见》和《国务院办公厅关于印发政府网站发展指引的通知》均提出，围绕残疾人、老年人等特殊群体获取网站信息的需求，不断提升信息无障碍水平。评估发现，近半数省市政府门户网站未配置有效的无障碍浏览功能。13 家省级政府、21 家较大的市政府门户网站未设置无障碍浏览功能，2 家省级政府、3 家较大的市政府门户网站虽设置了无障碍浏览功能，但其链接无效。除此之外，在设置了网站无障碍浏览功能的评估对象中，多数提供的语音辅助功能无效，无一家评估对象可以提供适用于全部页面的语音辅助功能。其原因可能在于省市政府对政府门户网站无障碍浏览功能的重视程度不够，也不排除有的将为特殊群体消除浏览障碍当成了网站建设的“面子工程”。

四　中国政务公开发展展望

党的十九大报告指出，转变政府职能，深化简政放权，创新监管方式，增强政府公信力和执行力，建设人民满意的服务型政府。全面深化政务公开在其中发挥着不可或缺的作用，使政府权力运行更加规范有序，令广大人民群众能参与、可监督，并真正享受到深化改革的红利。

第一，树立对政务公开的正确认识。政务公开工作人员正确的积极的公开意识是做好政务公开工作的关键。在推进政务公开过程中必须不断适应形势，明确为什么公开、为谁公开、公开什么等问题。因此，政务公开培训应常抓不懈，注重加强对政务公开形势的宣讲，让政务公开工作人员明白，政务公开不仅仅是行政机关单向性地主动公开信息和被动地依申请公开信息，更是要充分发挥信息的管理和服务作用，推动简政放权、放管结合、转变政府职能，也是让社会大众参与政府决策和社会治理过程，构建良好的政民关系，打造共建共治共享的社会治理格局。

第二，理顺公开工作机制，加强部门间的协同合作。政务公开不能仅仅依靠公开部门自身的努力，政府部门间就公开工作明确职责分工、协同合作是政务公开和谐统一的重要保障。因此，建议充分理顺工作机制，加强政务公开牵头部门间的协同合作。充分发挥政务公开领导小组的统筹协调作用，尤其是要协调各部门对同一公开事项的标准，避免因多头管理造成的对外公开不统一、不一致、不同步等现象。同时，充分发挥政府法制部门的“参谋”作用，以保证对外公开信息的质量，并防范可能存在的风险。

第三，注重总结和推广经验。根据国务院办公厅印发的《开展基层政务公开标准化规范化试点工作方案》，全国各地都在开展基层政务公开标准化规范化试点工作，试点工作将在 2018 年收官。应当以此为契机，全面总结政务公开工作经验，在一定领域的公开工作中形成细化且具备可操作性的工作机制和公开标准。

第四，注重处理好公开与不公开的关系。既要依法逐步扩大公开范围，满足公众知情需求，也要注意公开限度。应当汲取 2017 年安徽省部分政府网站泄露个人信息的教训，注重公开方式方法，避免不当公开引发对其他当事人、行政管理秩序的消极影响。

第五，以大公开理念推动政务公开工作。应当按照公开、解读、回应一体化的理念推动公开工作，公开信息应当根据社会形势、舆情状况做好舆情及社会风险评估，并应当配合解读工作等，确保公开信息的准确、全面，消除被误解误读误判的风险。对于形成的舆情及其他社会关切的，应建立快速反应机制，作出妥当的回应。

第六，加强政府网站的信息化建设。众所周知，政府网站是政府信息公开的第一平台，其建设的好坏直接影响政务公开的效果，但政府网站上信息的对外展示依托于网站和信息的后台管理，后者显得更为重要。因此，建议加强政府网站的信息化建设，建设完善的后台管理系统，依据制定好的主动公开目录设定内容要素，使行政机关履职过程中的每个环节都可以在后台管理系统中留痕，同时产生政府信息，并且该政府信息要满足内容要素的要求，该政府信息可经过内部保密审查程序后自动推送到外网。同时，加强网站栏目设置的规范化建设，提升网站使用的友好性。

附件一　中国政务公开第三方评估（2017）评估对象

（一）国务院部门（共54家）

1. 国务院组成部门（22 家）

中华人民共和国外交部

中华人民共和国国家发展和改革委员会

中华人民共和国教育部

中华人民共和国科学技术部

中华人民共和国工业和信息化部

中华人民共和国国家民族事务委员会

中华人民共和国公安部

中华人民共和国民政部

中华人民共和国司法部

中华人民共和国财政部

中华人民共和国人力资源和社会保障部

中华人民共和国国土资源部

中华人民共和国环境保护部

中华人民共和国住房和城乡建设部

中华人民共和国交通运输部

中华人民共和国水利部

中华人民共和国农业部

中华人民共和国商务部

中华人民共和国文化部

中华人民共和国国家卫生和计划生育委员会

中国人民银行

中华人民共和国审计署

2. 国务院直属特设机构（1 家）

国务院国有资产监督管理委员会

3. 国务院直属机构（13 家）

中华人民共和国海关总署

国家税务总局

国家工商行政管理总局

国家质量监督检验检疫总局

国家新闻出版广电总局

国家体育总局

国家安全生产监督管理总局

国家食品药品监督管理总局

国家统计局

国家林业局

国家知识产权局

国家旅游局

国家宗教事务局

4. 国务院直属事业单位（5 家）

中国地震局

中国气象局

中国银行业监督管理委员会

中国证券监督管理委员会

中国保险监督管理委员会

5. 国务院部委管理的国家局（13 家）

国家信访局

国家粮食局

国家能源局

国家烟草专卖局

国家外国专家局

国家海洋局

国家测绘地理信息局

国家铁路局

中国民用航空局

国家邮政局

国家文物局

国家中医药管理局

国家外汇管理局

（二）省级政府(共31家)

北京市

天津市

河北省

山西省

内蒙古自治区

辽宁省

吉林省

黑龙江省

上海市

江苏省

浙江省

安徽省

福建省

江西省

山东省

河南省

湖北省

湖南省

广东省

广西壮族自治区

海南省

重庆市

四川省

贵州省

云南省

西藏自治区

陕西省

甘肃省

青海省

宁夏回族自治区

新疆维吾尔自治区

（三）较大的市政府(共49家)

河北省石家庄市

河北省唐山市

河北省邯郸市

山西省太原市

山西省大同市

内蒙古自治区呼和浩特市

内蒙古自治区包头市

辽宁省沈阳市

辽宁省大连市

辽宁省鞍山市

辽宁省抚顺市

辽宁省本溪市

吉林省长春市

吉林省吉林市

黑龙江省哈尔滨市

黑龙江省齐齐哈尔市

江苏省南京市

江苏省无锡市

江苏省徐州市

江苏省苏州市

浙江省杭州市

浙江省宁波市

安徽省合肥市

安徽省淮南市

福建省福州市

福建省厦门市

江西省南昌市

山东省济南市

山东省青岛市

山东省淄博市

河南省郑州市

河南省洛阳市

湖北省武汉市

湖南省长沙市

广东省广州市

广东省深圳市

广东省珠海市

广东省汕头市

广西壮族自治区南宁市

海南省海口市

四川省成都市

贵州省贵阳市

云南省昆明市

西藏自治区拉萨市

陕西省西安市

甘肃省兰州市

青海省西宁市

宁夏回族自治区银川市

新疆维吾尔自治区乌鲁木齐市

（四）县级政府（共100家）

北京市东城区

北京市西城区

北京市朝阳区

北京市海淀区

北京市昌平区

内蒙古自治区呼和浩特市新城区

内蒙古自治区包头稀土高新区

内蒙古自治区乌兰浩特市

内蒙古自治区开鲁县

内蒙古自治区克什克腾旗

内蒙古自治区镶黄旗

内蒙古自治区乌海市海勃湾区

黑龙江省哈尔滨市道里区

黑龙江省齐齐哈尔市龙沙区

黑龙江省东宁市

黑龙江省汤原县

黑龙江省杜尔伯特蒙古族自治县

黑龙江省密山市

黑龙江省肇东市

上海市浦东新区

上海市徐汇区

上海市普陀区

上海市虹口区

上海市金山区

江苏省南京市建邺区

江苏省无锡市滨湖区

江苏省新沂市

江苏省常州市天宁区

江苏省苏州工业园区

江苏省如皋市

江苏省沭阳县

浙江省杭州市拱墅区

浙江省宁波市江北区

浙江省温州市瓯海区

浙江省嘉善县

浙江省义乌市

浙江省江山市

浙江省临海市

安徽省合肥市庐阳区

安徽省蒙城县

安徽省灵璧县

安徽省定远县

安徽省金寨县

安徽省宁国市

安徽省铜陵市义安区

安徽省黄山市徽州区

河南省长垣县

河南省济源市

河南省汝州市

河南省郑州市上街区

河南省开封市祥符区

河南省洛阳市洛龙区

河南省汤阴县

河南省潢川县

湖南省浏阳市

湖南省株洲县

湖南省衡阳县

湖南省常德市武陵区

湖南省平江县

湖南省资兴市

湖南省蓝山县

广东省广州市海珠区

广东省深圳市罗湖区

广东省佛山市禅城区

广东省平远县

广东省博罗县

广东省肇庆市高要区

广东省新兴县

四川省新津县

四川省攀枝花市西区

四川省合江县

四川省什邡市

四川省盐亭县

四川省青川县

四川省万源市

四川省西昌市

贵州省贵阳市南明区

贵州省遵义市播州区

贵州省凤冈县

贵州省六枝特区

贵州省兴义市

贵州省贞丰县

云南省腾冲市

云南省绥江县

云南省楚雄市

云南省姚安县

云南省开远市

云南省弥勒市

陕西省西安市未央区

陕西省岐山县

陕西省彬县

陕西省渭南市华州区

陕西省延安市安塞区

陕西省靖边县

陕西省紫阳县

宁夏回族自治区贺兰县

宁夏回族自治区平罗县

宁夏回族自治区青铜峡市

宁夏回族自治区彭阳县

宁夏回族自治区海原县

附件二　中国政务公开第三方评估（2017）指标体系

（一）国务院部门评估指标

1. 决策公开

二级指标	三级指标	依据
重大决策预公开	年度重大决策事项目录	《关于全面推进政务公开工作的意见》《〈关于全面推进政务公开工作的意见〉实施细则》《2016 年政务公开工作要点》《2017 年政务公开工作要点》
	栏目设置	
	重大决策的意见征集	
	对征集到意见的反馈	
建议提案办理结果公开	专门栏目	《国务院办公厅关于做好全国人大代表建议和全国政协委员提案办理结果公开工作的通知》
	建议提案办理复文	
	建议提案办理的总体情况	

2. 管理服务公开

二级指标	三级指标	依据
政务服务公开	政务服务事项目录清单	《关于全面推进政务公开工作的意见》《〈关于全面推进政务公开工作的意见〉实施细则》《2016 年政务公开工作要点》《2017 年政务公开工作要点》
	政务服务事项的办事指南	
	行政审批结果	
“双随机”监管信息公开	专门栏目	
	随机抽查事项清单	
	抽查结果和查处情况	
行政处罚	行政处罚事项清单	
	行政处罚结果	

3. 执行和结果公开

二级指标	三级指标	依据
法治政府建设情况年度报告		《法治政府建设实施纲要（2015—2020 年）》

4. 重点领域信息公开

二级指标	三级指标	依据
规范性文件公开	规范性文件备案审查	《2017 年政务公开工作要点》《国务院关于加强法治政府建设的意见》
	规范性文件清理结果	
	规范性文件有效性标注	
预决算	预决算说明	《地方预决算公开操作规程》《关于深入推进地方预决算公开工作的通知》
	预决算表格	
	“三公”经费决算信息	

5. 政策解读与回应关切

二级指标	三级指标	依据
政策解读	栏目设置	《关于全面推进政务公开工作的意见》《〈关于全面推进政务公开工作的意见〉实施细则》《2016 年政务公开工作要点》《2017 年政务公开工作要点》
	政策解读信息	
	解读形式	
	解读内容	
回应关切	主要负责人解读政策	
	网站互动	

（二）省级政府评估指标

1. 决策公开

二级指标	三级指标	依据
重大决策预公开	年度重大决策事项目录	《关于全面推进政务公开工作的意见》《〈关于全面推进政务公开工作的意见〉实施细则》《2016 年政务公开工作要点》《2017 年政务公开工作要点》
	栏目设置	
	重大决策的意见征集	
	对征集到意见的反馈	
建议提案办理结果公开	专门栏目	《国务院办公厅关于做好全国人大代表建议和全国政协委员提案办理结果公开工作的通知》
	建议提案办理复文	
	建议提案办理的总体情况	

2. 管理服务公开

二级指标	三级指标	依据
权力清单	是否公开本单位权力清单	《关于全面推进政务公开工作的意见》《〈关于全面推进政务公开工作的意见〉实施细则》《2016 年政务公开工作要点》《2017 年政务公开工作要点》
	权力清单的动态调整情况	
政务服务事项	政务服务事项目录清单	
	政务服务事项的办事指南	
	行政审批结果	
“双随机”监管信息公开	专门栏目	
	随机抽查事项清单	
	抽查结果和查处情况	
行政处罚	行政处罚事项清单	
	行政处罚结果	

3. 执行和结果公开

二级指标	三级指标	依据
审计结果公开	审计报告	《关于全面推进政务公开工作的意见》《〈关于全面推进政务公开工作的意见〉实施细则》《2016 年政务公开工作要点》《2017 年政务公开工作要点》
	审计查出问题整改情况报告	
法治政府建设情况年度报告		
政府工作报告		

4. 重点领域信息公开

二级指标	三级指标	依据
规范性文件公开	规范性文件备案审查	《2017 年政务公开工作要点》《国务院关于加强法治政府建设的意见》
	规范性文件清理结果	
	规范性文件有效性标注	

续表

二级指标	三级指标	依据
预决算	预决算说明	《地方预决算公开操作规程》《关于深入推进地方预决算公开工作的通知》
	预决算表格	
	"三公"经费决算信息	
地方政府债务领域信息公开		《2017年政务公开工作要点》
城市水环境质量排名		《2017年政务公开工作要点》

5. 政策解读与回应关切

二级指标	三级指标	依据
政策解读	栏目设置	《关于全面推进政务公开工作的意见》《〈关于全面推进政务公开工作的意见〉实施细则》《2016年政务公开工作要点》《2017年政务公开工作要点》
	政策解读信息	
	解读形式	
	解读内容	
	主要负责人解读政策	
回应关切	网站互动	

（三）较大的市政府评估指标

1. 决策公开

二级指标	三级指标	依据
重大决策预公开	年度重大决策事项目录	《关于全面推进政务公开工作的意见》《〈关于全面推进政务公开工作的意见〉实施细则》《2016年政务公开工作要点》《2017年政务公开工作要点》
	栏目设置	
	重大决策的意见征集	
	对征集到意见的反馈	

2. 管理服务公开

二级指标	三级指标	依据
权力清单	是否公开本单位权力清单	《关于全面推进政务公开工作的意见》《〈关于全面推进政务公开工作的意见〉实施细则》《2016 年政务公开工作要点》《2017 年政务公开工作要点》
	权力清单的动态调整情况	
政务服务事项	政务服务事项目录清单	
	政务服务事项的办事指南	
	行政审批结果	
“双随机”监管信息公开	专门栏目	
	随机抽查事项清单	
	抽查结果和查处情况	
行政处罚	行政处罚事项清单	
	行政处罚结果	

3. 执行和结果公开

二级指标	三级指标	依据
审计结果公开	审计报告	《政府信息公开条例》《关于全面推进政务公开工作的意见》《〈关于全面推进政务公开工作的意见〉实施细则》《2016 年政务公开工作要点》《2017 年政务公开工作要点》
	审计查出问题整改情况报告	
法治政府建设情况年度报告		
政府工作报告		
政府信息公开工作年度报告		

4. 重点领域信息公开

二级指标	三级指标	依据
规范性文件公开	规范性文件备案审查	《2017 年政务公开工作要点》《国务院关于加强法治政府建设的意见》
	规范性文件清理结果	
	规范性文件有效性标注	
预决算	预决算说明	《地方预决算公开操作规程》《关于深入推进地方预决算公开工作的通知》
	预决算表格	
	“三公”经费决算信息	
地方政府债务领域信息公开		《2017 年政务公开工作要点》
集中式生活饮用水水源水质监测信息公开	水源水质监测信息公开	《2016 年政务公开工作要点》《2017 年政务公开工作要点》《关于印发〈集中式生活饮用水水源水质监测信息公开方案〉的通知》
	供水厂出水水质监测信息公开	
	用户水龙头水质监测信息公开	
棚户区改造	棚户区改造用地计划	《2016 年政务公开工作要点》《2017 年政务公开工作要点》
	棚户区改造建设项目	
	棚户区改造项目进度	

5. 政策解读与回应关切

二级指标	三级指标	依据
政策解读	栏目设置	《关于全面推进政务公开工作的意见》《〈关于全面推进政务公开工作的意见〉实施细则》《2016 年政务公开工作要点》《2017 年政务公开工作要点》
	政策解读信息	
	解读形式	
	解读内容	
	主要负责人解读政策	
回应关切	网站互动	

（四）县级政府评估指标

1. 决策公开

二级指标	三级指标	依据
重大决策预公开	年度重大决策事项目录	《关于全面推进政务公开工作的意见》《〈关于全面推进政务公开工作的意见〉实施细则》《2016 年政务公开工作要点》《2017 年政务公开工作要点》
	栏目设置	
	重大决策的意见征集	
	对征集到意见的反馈	

2. 管理服务公开

二级指标	三级指标	依据
权力清单	是否公开本单位权力清单	《关于全面推进政务公开工作的意见》《〈关于全面推进政务公开工作的意见〉实施细则》《2016 年政务公开工作要点》《2017 年政务公开工作要点》
	权力清单的动态调整情况	
政务服务事项	政务服务事项目录清单	
	政务服务事项的办事指南	
	行政审批结果	
“双随机”监管信息公开	专门栏目	
	随机抽查事项清单	
	抽查结果和查处情况	
行政处罚	行政处罚事项清单	
	行政处罚结果	

3. 执行和结果公开

<table>
<tr><th>二级指标</th><th>三级指标</th><th>依据</th></tr>
<tr><td rowspan="2">审计结果公开</td><td>审计报告</td><td rowspan="5">《政府信息公开条例》《关于全面推进政务公开工作的意见》《〈关于全面推进政务公开工作的意见〉实施细则》《2016 年政务公开工作要点》《2017 年政务公开工作要点》</td></tr>
<tr><td>审计查出问题整改情况报告</td></tr>
<tr><td>法治政府建设情况年度报告</td><td></td></tr>
<tr><td>政府工作报告</td><td></td></tr>
<tr><td>政府信息公开工作年度报告</td><td></td></tr>
</table>

4. 重点领域信息公开

<table>
<tr><th>二级指标</th><th>三级指标</th><th>依据</th></tr>
<tr><td rowspan="3">规范性文件公开</td><td>规范性文件备案审查</td><td rowspan="3">《2017 年政务公开工作要点》《国务院关于加强法治政府建设的意见》</td></tr>
<tr><td>规范性文件清理结果</td></tr>
<tr><td>规范性文件有效性标注</td></tr>
<tr><td rowspan="3">预决算</td><td>预决算说明</td><td rowspan="3">《地方预决算公开操作规程》《关于深入推进地方预决算公开工作的通知》</td></tr>
<tr><td>预决算表格</td></tr>
<tr><td>“三公”经费决算信息</td></tr>
<tr><td>地方政府债务领域信息公开</td><td></td><td>《2017 年政务公开工作要点》</td></tr>
<tr><td rowspan="2">教育</td><td>义务教育划片结果公开</td><td rowspan="2">《2016 年政务公开工作要点》《2017 年政务公开工作要点》</td></tr>
<tr><td>随迁子女入学信息公开</td></tr>
</table>

5. 政策解读与回应关切

二级指标	三级指标	依据
政策解读	栏目设置	《关于全面推进政务公开工作的意见》《〈关于全面推进政务公开工作的意见〉实施细则》《2016 年政务公开工作要点》《2017 年政务公开工作要点》
	政策解读信息	
	解读形式	
	解读内容	
	主要负责人解读政策	
回应关切	网站互动	

6. 依申请公开

二级指标	三级指标	依据
信函申请渠道畅通性		《政府信息公开条例》
答复规范化程度		

田禾，中国社会科学院国家法治指数研究中心主任，法学研究所研究员、法治指数创新工程项目组首席研究员，《法治蓝皮书》主编。研究方向：实证法学、司法制度。

吕艳滨，中国社会科学院国家法治指数研究中心副主任，法学研究所研究员、法治国情调研室主任，《法治蓝皮书》执行主编。研究方向：行政法、信息法。